品牌

塑造之王

成功人士热衷于出书的秘密

一本书就是一张会说话的高级名片
一本书讲述一部属于你的传奇故事
一本书塑造一个全世界的知名品牌

连赛男 著

中国政法大学出版社

2018·北京

图书在版编目（ＣＩＰ）数据

品牌塑造之王/连赛男著. —北京:中国政法大学出版社,2018.12
ISBN 978-7-5620-8760-1

Ⅰ.①品… Ⅱ.①连… Ⅲ.①图书出版－关系－企业－品牌营销－研究
Ⅳ.①G23②F273.2

中国版本图书馆CIP数据核字(2018)第280505号

出 版 者	中国政法大学出版社
地　　　址	北京市海淀区西土城路25号
邮寄地址	北京100088 信箱8034分箱　邮编100088
网　　　址	http://www.cuplpress.com（网络实名：中国政法大学出版社）
电　　　话	010-58908586（编辑部）58908334（邮购部）
编辑邮箱	zhengfadch@126.com
承　　　印	北京中科印刷有限公司
开　　　本	880mm×1230mm　1/32
印　　　张	6.125
字　　　数	160千字
版　　　次	2018年12月第1版
印　　　次	2018年12月第1次印刷
定　　　价	49.00元

目录 CONTENTS /////////////

第六章 个人及企业 39°的知名度

第 一 章

书———张会说话的高级名片

第一节 比尔·盖茨的未来之路

国外企业家传记类书籍的运作早有其成熟的机制，几乎每一个知名大公司、大企业家，都有记载其历程的传记作品。我们中国很多的企业常常把巨额的费用投在广告上，实际上，这是一种浪费资源的行为。很多世界500强企业在中国人的脑海中如雷贯耳，平日却不见他们投入多少广告。他们的秘诀就在于很好地运用了公关营销的手段，通过媒体、出版等软手段，不做广告而达到了比做广告更好的效果。

我们中国的企业家常常读国外企业的商业传记，却很少想过出版自己的图书，其实，我们自己也完全有能力、有资格出版自己的图书。通过出版企业传记，树立企业在行业的标杆地位，对企业未来的发展有着非常重要的意义。这方面的案例可以说举不胜举，比如美国著名企业家比尔·盖茨出版了《未来之路》，而在中国，虽然有一部分企业家意识到了这一点，但是，利用出版图书提升企业品牌这一方法，很多的企业家还没有尝试。

比尔·盖茨读八年级的时候，学校从一个义卖活动中购买了 Teletype Model 30 电脑，并连接上了通用电气的主机。从此以后，比尔·盖茨便迷上了电脑，并且一发不可收。1973 年，美国大学入学考试（SAT）满分为 1600 分，比尔·盖茨则以 1590 高分考入哈佛大学，但比尔·盖茨似乎对学业并不感兴趣，而是对电脑情有独钟。

比尔·盖茨 13 岁开始计算机编程设计，18 岁考入哈佛大学，一年后从哈佛大学退学，1975 年与好友保罗·艾伦一起创办了微软公司。

1983 年，微软销售额达到 5500 万美元，成为电脑行业中最大的公司。1986 年 3 月 13 日，微软正式挂牌上市，起初股价每股 21 美元，IPO（首次公开募股）首日结束股价涨至 28 美元。1987 年，年仅 31 岁的盖茨成为亿万富翁。

从退学建立微软，到成为世界首富，盖茨只用了 20 年的时间。此后，这个被美国人誉为"坐在世界巅峰的人"就再也没有从这个位子上下来过，一坐就是 12 年。

其实，比尔·盖茨作为世界首富的日子也是波折不断的。在 1998 年股票市场的互联网泡沫出现前，比尔·盖茨的财富已经达到近 1000 亿美元。2000 年网络股热潮开始消退，微软股价下滑了近 63%，比尔·盖茨的身价也随之缩水了近一半。尽管比尔·盖茨依然保持着全球首富的位子，但是与第二名的差距已经是越来越小，那时人们纷纷预测，随着互联网泡沫的破灭，比尔·盖茨迟早要让出"天下第一"的宝座。然而事情发展并没有像人们想象的那样。2003年以来，美国经济强劲复苏，带动了互联网业的回暖，且不说屡创奇迹的谷歌（Google）等后起之秀，微软公司在股票市场上的表现也很抢眼，盖茨的财富重新水涨船高。

1995年，比尔·盖茨编写了《未来之路》，在书中，他认为信息技术将带动社会的进步。该书的作者还包括微软公司首席技术官内森·梅尔沃德（Nathan Myhrvold）以及彼得·里尼森（Peter Rinearson），它在《纽约时报》的最畅销书排名中连续7周位列第一，并在榜上停留了18周之久。《未来之路》在20多个国家出版，为充分利用互联网所带来的新的商机，比尔·盖茨对微软进行了战略调整，同时，他又全面修订了《未来之路》，在新版本中，他认为交互式网络是人类通讯历史上一个重要里程碑。再版平装本同样荣登最畅销排行榜。比尔·盖茨将其稿费收入捐给了一个非盈利基金，用于支持全世界将计算机与教学相结合的教师。

比尔·盖茨深信摩尔定律的客观性，他对计算机特别是个人计算机发展充满了希望，他富有预见性的猜测在之后的十几年里基本实现了。比尔·盖茨那时表示："虽然现在看起来这些预测不太可能，甚至十分荒谬，但是我保证这是本严肃的书，绝不是随随便便的戏言。十年后我的观点将得到证实。"

比尔·盖茨的《未来之路》是在 1995 年对微软发展历程的系统回顾，他休学开启计算机梦的青涩桥段也充满其中，同时，书中也描绘了那时的他对个人计算机未来的畅想。20 年后，他的预言很多成真了，比如他对智能手机和视频会议的畅想，如今早已成为我们生活的一部分。

然而，这本书给笔者印象最深刻的并不是对纯粹技术的介绍和描绘，而是比尔·盖茨凌驾于精妙的技术天赋之上的，对生活艺术的深刻理解，他身上的人文关怀，对人性的深刻洞察，善于总结反思的个人特质，还有他的叛逆、勇敢创新与独树一帜。透过这本书，笔者看到的不是云巅之上的符号化的世界首富，而是与笔者交流沟通的活生生的少年。

比尔·盖茨很善于将枯燥的理论和现象，通过形象有趣的故事和例子来讲述，并具有生活的智慧灵性。比如，他在讲二进制的算法和信息比特叠加时巨大的数据量时，举了一个"大臣要求国王在棋盘的方格中依次放翻倍的麦子"的例子，数据量的巨大一下子就变成了形象可感的麦堆。他说："我们日常的生活经验还不足以丰富到使我们看透为什么一个数字会在很长的时期成倍数增长——所隐含的种种暗示。"我觉得这是一句很有哲学意味的话，作为一个与科技、与实证主义打交道的创业者，他始终对自然和生活的不确定性保持着敬畏。这是很难得的，这使他在生活的激流和行业的竞争中保持着清醒的头脑，带领着团队创造一个又一个奇迹，并不卑不亢。他拥有平常心。

在这本书中，我们体会到很多比尔·盖茨的学习方法和处事态度，比如，他会对一些公司进行长期的观察和总结，学习行业的原则，并根据自己的现实情况，找漏洞、找突破。他善于对过往的各种选择及其结果进行总结和分析，久而久之，他知道哪些是孰轻孰重的问题，哪些是兼容性的问题，什么时候应该主动突击，而什么时候应该随波逐流。他更善于总结规律，比如，他观察到有才华的人喜欢一起工作，这种工作环境容易制造一种兴奋感。潜在的伙伴和用户也会加倍注意到这家公司，这样一来，这种正向的螺旋就周而复始，也就容易产生下一个成功。当微软蒸蒸日上之时，其他一些相似的公司却面临破产，他把这些公司中的精英召集起来，运用这个原理，推动了下一次创新的革命。

成功的人各有各的特质，而唯一不变的，是对于自己从事行业的无尽的热爱。唯有热爱，才能勇敢探索。这不禁让我们扪心自问，我在哪方面有独有的天赋？我愿意终其一生奉献的行业是什么？

因此，当我们在创造商业奇迹的同时——别忘了为企业树碑立传！因为这是品牌的需要，这是时代的潮流！在这个品牌的年代，无论是广告轰炸还是媒体炒作，在时间面前越来越苍白无力。因此，写一部经得起时间考验的企业传记是值得任何一位企业家思考的问题。

在全球竞争白热化的今天，一个企业要生存和发展，不仅需要产品品牌、企业品牌，更要创企业家个人品牌，更好地提高企业的知名度、社会声望，展示企业精神、品牌内涵，方能够在参与国际品牌竞争中争取最大优势。纵观国际知名企业，其领导者的名字与事迹一样作为品牌，为世人津津乐道。从爱迪生、松下幸之助，到比尔·盖茨、韦尔奇，这些成功者的个人影响力，已经远远超越他所在的企业、国家，甚至一个时代……不管世界潮流如何变化，他们个人品牌的光芒却永远如新。

因此，要想成为真正成功的企业家，必须具备"思想家的睿智，政治家的敏锐，外交家的灵活和军事家的韬略"。同时真正的企业家还应该是活生生的企业形象代言人。因为，企业领导人是企业的财富，他代表着企业的形象，所以他个人形象的价值也是需要去挖掘、塑造和管理的。如果将企业比喻为好莱坞电影，那么企业家就如同好莱坞影星，人们对好莱坞电影感兴趣的同时，也同样会对好莱坞影星的生活感兴趣。

一个人需要对自己的过去进行总结，才能更好地走好未来的路，对企业来说，也是同样的道理。出版企业传记可以说是对您个人和企业多年经历的一个总结，既是对过去的回顾，也是对未来的展望。通过对自身实践的总结、提炼甚至反思，再回到实践中去，有利于企业经营者更加清醒、更加自觉，从而不断提升企业发展层次。同时，这对企业的员工和客户也是深刻的启迪和激励，更体现了企业家的一种积极的社会责任意识。

一本全国发行畅销的企业传记不仅是一座企业快速发展的里程碑，一位老板可以送人的高雅礼物，一次历史性的品牌华诞，一次媒体关注的焦点，也是全方位与超深度的广告效应，可以使企业凝聚力得到持续加强，企业文化得到空前个性张扬，企业先进经营管理理念得到传播，企业知名度与美誉度得到提高，企业员工归属感得到增强，企业员工自豪感得到满足，是企业宣传片的最好剧本。最后，所有的一切都将转化为企业的长远经济利益与社会荣誉，而这也正是企业所追求的终极目标！

第二节　假如有两个爸爸

我们不见得知道罗伯特·清崎，但是一定知道《富爸爸　穷爸爸》这本书。1999年4月罗伯特·清崎首次于美国出版了《富爸爸　穷爸爸》，在6个月内售出100余万册。2000年3月，《富爸爸　穷爸爸》被翻译成韩语于韩国出版面世。2000年9月被翻译成简体中文于我国出版面世，并持续18个月稳居于畅销图书之榜首，持续2年为畅销图书前十名。

在1999年4月罗伯特·清崎发行了《富爸爸　穷爸爸》，但是当时这本书并没有很快获得商业上的成功。恰恰相反，这本书发行后随之而来的是如风暴般的批评。这本书是由罗伯特·清崎自行出版的，因为当时每一个出版商都拒绝了他的出版请求。有些退稿通知还附带评论如"你自己都不知道你在说些什么"，也许是出版商当时看了内容不能接受富爸爸的金钱观。

书中，罗伯特·清崎有两个爸爸，准确地说一个是他好朋友迈克的爸爸，一个则是他的爸爸。迈克的爸爸在书中被罗伯特·清崎称为"富爸爸"，而他自己的爸爸是"穷爸爸"。其实两个爸爸的事业都相当成功，而且一辈子都很勤奋，两个人都有着丰厚的收入。然而一个人终其一生都在个人财务问题的沼泽中挣扎，另一个则成了夏威夷最富有的人之一。

在罗伯特·清崎九岁时，他和迈克想成为富人，所以他们两个小家伙收集废弃的牙膏皮，把它熔化，然后使用熟石灰模型仿造硬币。你以为这是赚钱的方法？当然不是，很快，被罗伯特·清崎的父亲（即穷爸爸）给教训了一通，他建议他们和迈克的父亲谈一谈，迈克的父亲是一个连八年级都没有读完，但却成功经营着多家公司的人。迈克的父亲，就是书名中的"富爸爸"，富爸爸答应教他们挣钱，所以他们便开始和富爸爸学习挣钱。刚开始他们在富爸爸的店里每周六工作 3 小时，报酬是每小时 10 美分，这在当时算是比较少的工资了。在罗伯特·清崎觉得工资少，想放弃时，富爸爸又和他进行了一次谈话，这次是他和迈克无偿工作，最后他和迈克也都答应了，并经受住了诱惑。

富爸爸告诉罗伯特·清崎和迈克："造成贫穷和财务问题的主要原因是恐惧和无知，而非经济环境、政府或富人。自身的恐惧和无知使人们难以自拔，所以你们应该去上学并接受大学教育，而我教你们怎样不落入陷阱。"

他教罗伯特·清崎和迈克在学校里学不到的东西，让他们学会支配钱，而不是害怕它。让他们成为钱的主人，而不是奴隶。

富爸爸还给罗伯特·清崎他们解释说人生实际上是在无知和幻觉之间的一场斗争，一旦一个人停止寻求知识和信息，就会变得无知。因此，人们需要不断地与自己作斗争，通过学习打开自己的心扉。从长期来看，重要的不是你挣了多少钱，而是要看你能留下多少钱，以及留住了多久。

在富爸爸的教育下，他和迈克获得了丰富的财务知识和理财技巧，没有被财务问题所困扰，都拥有自己的财务自由，成了"富人"。

穷爸爸受过良好的教育，聪明绝顶，拥有博士光环，而富爸爸连八年级都没念完。两个爸爸都深信教育的力量，但却给罗伯特·清崎截然对立的建议，这让他有了对比和选择，而这种对比和选择的结果决定了他的一生。

大多数人都希望有一份工资收入，之所以会这样是因为恐惧和贪婪之心。先说恐惧感，没钱的恐惧会刺激我们努力工作，当我们得到报酬时，贪婪或欲望又开始让我们去想所有钱能买到的东西。于是就形成了一种无穷无尽奔忙的模式。

我们希望钱能消除恐惧，但却还是无法摆脱恐惧，不停地工作，不停地挣钱。钱主宰了生活，控制了情感和灵魂。

人们总是为了实现欲望，而最终变成是为钱工作。他们认为钱能买来快乐，可用钱买来的快乐往往是短暂的，所以他们不久就需要更多的钱来买更多的快乐、更多的开心、更多的舒适和更多的安全。于是，他们不断地工作，以为钱能使他们那被恐惧和欲望折磨着的灵魂平静下来，但实际上钱无法满足他们的欲望。

富爸爸说，"生活才是最好的老师，大多数时候，生活并不对你说些什么，它只是推着你转，每一次推，它都像是在说'喂，醒一醒，有些东西我想让你学学'，假如你弄懂了生活这门大课，做任何事情你都会游刃有余。但就算你学不会，生活照样会推着你转。所以生活中，人们通常会做两件事。一些人在生活推着他转的同时，抓住生活赐予的每个机会；而另一些则听任生活的摆布，不去与生活抗争。他们埋怨生活的不公平，因此就去讨厌老板、讨厌工作、讨厌家人，他们不知道生活也赐予了他们机会。如果你是那种没有毅力的人，你将放弃生活对你的每一次推动。这样的话，你的一生会过得稳稳当当，不做错事、随时准备着当永远不会发生的事情发生时解救自己，然后，在无聊中老死。你会有许多像你一样的朋友，希望生活稳定、处世无误。但事实是，你对生活屈服了，不敢承担风险。你的确想赢，但失去的恐惧超过了成功的兴奋，事实是从内心深处，你就始终认为你不可能，所以你选择了稳定。"

世界上绝大多数人奋斗终生却不能致富，因为他们在学校中从未真正学习关于金钱的知识，所以他们只知道为钱而拼命工作，却从不学习如何让钱为自己工作。

罗伯特·清崎并不会想到这本书 20 年后还会如此畅销，这是一本最开始连出版公司都不愿接的一本书，目前这本书已被多个国家和地区发行。也许这就是书的伟大之处，宣传效果远比你想象的"吓人"得多。

《富爸爸　穷爸爸》已经在 109 个国家、地区出版、发行，售出量超过 3000 万册，这就意味着有至少 3000 万人翻过这本书，由此产生的财富价值可想而知，但是比经济利益更重要的是由此产生的影响力，他因为这本书而被许多人所熟知，也因此成为"百万富翁学校的教师"，成为一个有影响力的人，这源于读者对书的认可和对作者本人的认可。越来越多的人渴望受到他的影响，希望在他的影响下也能够成为一个成功的人。相比于获得的财富而言，罗伯特·清崎得到的这种认可才更难能可贵。读者可以通过他写的书对他的成功，对他的思想有所了解，进一步加深对他的认识，他因此扩大了影响力，得到越来越多人的认可，罗伯特·清崎也因此获得了动力，出版更多图书去影响更多的人。

20 年时间这本书影响了千千万万个读者，有超过 1000 万的读者认识了富爸爸，了解了财商。随着时代的进步，经济快速发展，人们挣钱的欲望也不断膨胀。我看到过很多为了金钱而忙碌奔波的人，有些人甚至为了钱抛弃自己的道义、人格。

为了生存、生活，而努力工作，努力赚钱，可是钱是赚不完的。人们通常只是埋头苦干，无比辛苦地工作着，但并不停下来思考为什么自己会被钱所困扰。很久以前就听别人推荐过这本书，但由于笔者对金融、理财并不感兴趣，就没有在意。可有一天朋友拿着这本书，笔者好奇地问富爸爸穷爸爸是有两个爸爸吗？她说你看看不就清楚了，她还推荐说特别适合想赚钱的人，听到"适合想赚钱的人"，那我肯定就迫不及待看了。如今看完，很后悔自己没有早一点读这本书。

第三节 马云有一张"传销"的嘴

有人说马云有一张"传销"的嘴，也有人说马云靠"忽悠"才能成功，不管如何，正是好的口才，成就了如今的马云！马云说过："所有的胜利，与征服自己的胜利比起来，都是微不足道；所有的失败，与失去自己的失败比起来，更是微不足道。最不会利用时间的人，最会抱怨时间不够！老要靠别人的鼓励才去奋斗的人不算强者；有别人的鼓励还不去奋斗的人简直就是懦夫。"

马云作为中国互联网界的顶级人物，用他在事业上的成功，在语言上的犀利以及在公益上的努力，为他自己赢得了广泛的知名度和好评度。说马云是中国知名度最高的企业家，恐怕都不为过。在公开场合，马云说出来的话往往是"语不惊人死不休"。比如马云说自己基本不看书；比如马云说办公室里放很多书的人十个有八个是骗子，等等。这么说来，好像马云是鄙视高学历的，是读书无用论的支持者。但事实是，马云是教育的忠实拥趸。一个最典型的例子就是，马云用自己的影响力和财富发起了乡村教师相关的公益活动，设立了"马云乡村教师奖"。马云为优胜的 100 位乡村教师每人提供 10 万元的奖励。所以，马云对于教育是很热心的，那些马云说过的关于读书的话，是在特定场景下说出来的，不能用那些话来断定马云的教育观和读书观。事实上，马云也分享过自己最喜欢读的三本书，他说自己从这三本书中受益最大。前两本分别是《道德经》和《论语》，第三本其实不能说是"本"，因为马云说自己喜欢读佛家的佛经，显然佛经不是一本书。马云说这三"本"书中有着传统的追本溯源的真理和智慧。对于普通人来说，前两本书很常见。第三"本"普通人很少有看过的吧！马云的工作包里总是放着几本书，别的书换得很快，而其中一本书一直没换过，是一本最薄的《道德经》。薄是因为没有注解，马云不希望看到别人对《道德经》的理解而影响自己的感悟。马云不仅是哲学"爱好者"，更是哲学思想的"实践者"，比如马云对"进攻是最好的防守"的实践。

当年公司 B2B 做得不错，但为了预防亿贝（eBay）从 C2C 全面进入 B2B，马云创建了淘宝网，结果很快把亿贝挤出了中国。接着为预防贝宝（PayPal）掌握淘宝网的支付，马云又创立了支付宝，而如今支付宝走向世界已是事实。马云一直强调："淘宝要不断创新，支付宝更要创新，千万不要把支付宝做成银行的模式。"

　　每一个人的成功都绝非偶然，都是后天的努力和经验的积累。马云的成功也不是一个偶然因素造就的，而是抓住了机遇和时机的结果。20世纪电子商务在中国可以说是一个基本上没有概念的陌生事物，马云看到了它的发展前景，做下去，一直把阿里巴巴做成了中国第一电子商务品牌。这是马云的智商过人，有先见之明。马云从商几十年，他的成功赢得世人的肯定和赞赏，可见他的情商过人。读万里书，行万里路，读书能使人睿智，提高人的情商和智商。

　　前一段时间读了《马云如是说》这本书，书里对马云做了一个简单的介绍。我们所熟知的是，他是阿里巴巴的创始人之一。《福布斯》的封面文章曾这样介绍他：凸出的颧骨，扭曲的头发，淘气的露齿而笑，拥有一副五英尺高，一百磅重的顽童模样，这个长相怪异的人有拿破仑一样的身材，同时也有拿破仑一样的伟大志向……的确，他用他的实际行动证明了：男人的长相往往和他的才华成反比。

　　读了这本书我发现（从社会角度考虑）他的成功首先是因为有一个好的基点，那就是做正确的事，做有益于他人的事。在阿里巴巴刚起步的时候，他就把阿里巴巴的愿景定位为：让天下没有难做的生意。针对中国国情，他专注于电子商务平台。在中国，最多的是中小型企业。根据国务院2007年发布数据，我国中小企业已达4200万户

（包括个体工商户），占企业总数的 99% 以上，中小企业提供了 75% 以上的城镇就业岗位、65% 的发明专利、80%以上新产品开发。而主要限制中国中小型企业发展的就是缺少一个便捷的平台。针对这一社会情况，阿里巴巴在推出时就号称为中小企业找一条活路，这样的定位，以及目前的格局都非常像。阿里巴巴也朝着这个目标挺进，确实做得不错。中小企业，优势在于小订单也可以快速响应，而往往在阿里巴巴上的订单都偏小，面对的客户群，也是小群体。所以，阿里巴巴对中小企业来说，价值在于阿里巴巴上存在大量的小订单，而中小企业却往往需要这些小订单。两者非常匹配。

从心理上来说，越来越多的人倾心于网上购物。面对着越来越快的生活节奏，很多人没有时间去街上采购东西，随着越来越健全的网络规范制度，网上购物和送货上门已经成为一种时尚。所以越来越多的买家和卖家相聚在虚拟世界里。因此，电子商务平台的出现是必然的，而马云只是更早看到了人们的心理，满足了他们的需求。

在读《马云如是说》这本书之前，笔者只是以为马云是伟大的，对他了解不多，只是一种敬仰。在读了之后，笔者在心中产生了由衷的敬佩。

第一，佩服的是他的管理能力。虽然他是阿里巴巴的创始人之一，但他对电子商务的了解却远远不如很多人。他毕业于杭州师范大学，说起来的话只能算是一名好老师，但在他的管理下阿里巴巴业绩扶摇直上。IT 行业的人员流动率一般在 9% 左右，而阿里巴巴却奇迹般地稳定在3.3%。"一直以来，在班级中我担任班长一职。所以我明白管理的重要性和艰巨性。"他把公司员工和自己的关系比喻成唐僧师徒，这样经典的运营模式成就了他外行管理内行的神话。他是时代的领跑者，有着决策者独特的眼光和勇气：如果早起的那只鸟没有吃到虫子，那就会被别的鸟吃掉。受他的影响，笔者越来越爱看管理方面的书籍。真的是受益匪浅。

第二，做事情要充满激情。他是一个充满激情的人，激情地做人，激情地做事，激情地面对困难，激情地再坚持一点点。每个人都有自己的想法，但成功的却没多少。所以我们要相信只要永不放弃，我们还是有机会的。这世界上只要有梦想，只要不断努力，只要不断学习，就会有成功的可能。今天很残酷，明天更残酷，后天很美好，但绝对大部分是死在今天晚上，所以我们每个人都不要放弃今天。

第三，做事情需要专注。马云是成功的，但经过分析可以发现，自始至终他就做了一件事情——电子商务。一个精力再充沛的人也不可能在多个领域都有所建树。正如书中马云所打的一个比方：看见 10 只兔子，你到底抓哪一只？有些人一会儿抓这个兔子，一会儿抓那个兔子，最后可能一只也抓不住。首席执行官（CEO）的主要任务不是寻找机会而是对机会说"NO"。机会太多，只能抓一个。我只能抓一只兔子，抓多了，什么都会丢掉。在前进的过程中我们有很多选择，要面对各种诱惑，很容易坚守不住本心。如果太迷恋路边的风景，就永远到不了路的尽头。也许最初的选择并不是太好，但如果就此中途转道，那以前的努力就等于零。

第四节　海底捞你学不会

看了《海底捞你学不会》之后，终于明白为什么海底捞成了商业管理界学习的典范，读完之后，我万分佩服。海底捞的创始人张勇懂得怎样爱他们的员工，懂得怎样让他们的员工成长，只有员工不断地成长了，才能去改变他们的自卑感和命运。同时，也只有不断改变思维和意识，潜力才能不断地被挖掘出来，在这个社会上能力的不断提升，才是真正立足社会的竞争力。

把员工当成家里人，海底捞的客人就是这样一桌一桌抓住的！当过服务员的张勇知道，差异化的服务掌握在每一个员工手里。海底捞的员工只有能动脑服务顾客，并且不怕犯"错误"——让公司吃小亏，让顾客占小便宜，海底捞才能感动顾客。

如：北京五店的李小梅说："一个大姐来用餐，看等座的人很多，要了号后问我，这附近哪有理发店，她要去洗个头。我就把大姐送过去了。可是回来后，不久就下起雨，我想到她没带雨伞回来一定会淋雨，就又跑过去给她送了一把伞。后来，那个大姐来我们店很多次，有一次还带来一件新衣服，说是她女儿买的，穿着不合适，非要给我。"

上海三店姚晓曼说："有一次，雅间 11 号坐的是回头客邬阿姨。她女儿点菜时问，撒尿牛肉丸一份有几个？我马上意识到，她怕数量少不够吃，便回问一句：姐，你们一共几位？她说 10 位。我立马告诉她，一份本来是 8 个。我去跟厨房说一下，为您做 10 个。她很惊讶地抬头看了我一眼，说小姑娘，你们领导不会说你吧？我说，您放心，只要说明原因，领导都会理解。"

"还有一天中午，雅间 5 号的客人有 8 个，点了很多菜，而且要求五花八门。我当时正同时接待两个包间，有点忙乱。他们的菜上齐了好久，我对单时突然发现一份羊羔肉还没上。我害怕他们说我。后来，我想到一个办法，我轻轻跟那位请客的赵哥说：哥，还有一份羊羔肉，您还上吗？他说：哦，我点的肉还没上？我抱歉地说：那肉是冰鲜肉，上来要马上吃，看你们聊得这么开心，还有很多素菜没吃呢，我特意没让厨房上。如果您还要，两分钟就给您上来。他一听马上转怒为喜，说：你这丫头真聪明，拿笔来我给你写奖状！"

对员工的大爱和感恩之心，激发了员工的责任感和使命感。一个优秀的领导懂得怎样用人，用什么样的人，他们想要什么，人只有给予的东西是他最想要的，这种给予才能真正起到作用。

张勇先给自己定位，我的服务行业需要什么样的员工，一定是能吃苦的，那么只有那些在大山里和农村走出来的孩子更能吃苦。他的目标定位了，然后，他分析农村孩子想要什么？一是挣钱补贴家用；二是来到繁华陌生的城市他们具有自卑感、缺乏立足的信心，而且没有家人的关爱。那就从解决这两个问题出发。张勇要求员工付出比其他同行加倍的努力，"做得到我同样会给你比其他同行加倍的薪酬。前提条件是一定要保证我们的生意很红火。红火的生意要靠大家共同来做，努力做好生意，做好顾客导向，使顾客多次回店，我们的高薪酬就拿到了"。

第一个问题解决了，第二个问题是意识和思维的改变，这不是用薪酬可以解决的问题，要改变人的思维是一个很大的工程，张勇做到了，他用大爱感染大家，他处事注重细节，给大家一个公平的提升空间，甚至有时他会强迫大家成长，他让大家相信，用双手改变命运，不能再祖祖辈辈做农民工。他先认同和激励员工，我们一样可以得到社会的认可，同样可以在繁华、竞争激烈的都市立足，也同样可以过上高品质的生活。他会让大家明白我们挣来的钱，都有每个人的一份付出，他会拿出一部分来给员工的父母做养老金，他会给员工安排居住环境很好的公寓，并安排善解人意的阿姨来照顾他们的饮食起居，使他们上班全力以赴，下班后得到真正的身心放松和体贴。他们都离家很远，比常人更需要关爱，张勇想到了，通过方方面面的细微之处，实际地让员工感受到了家的温暖。他懂得，这一切成绩的取得，是每个人的付出，所以，在他的干部走时，他都会给他们送一笔"嫁妆"。当他的手下租房被人骗走300万时，他也很急，谁不心疼呢！这都是大家辛辛苦苦挣来的钱，但他站到同理心的角度去想问题，如果自己去租也会受骗，他没有把责任推到员工身上。员工都急得两天不吃饭了，还想采用不法手段，这时，他给员工打电话，"你们就值300万吗？快去干正事去吧！"如此大的魄力让人感叹！人必须正向思维，有颗感恩的心，这样才能去感染大家，让人从心眼里佩服。不是佩服你有钱，而是真正佩服你的人格，这样才能影响别人死心塌地地跟着你去打拼。像这样公司员工能离开你吗？员工的责任感和使命感有了，更有了归属感。

张勇改变了千千万万农村孩子的意识，给了他们自信和空间。张勇不仅是一个优秀的领导者，更是一个极具影响力的领袖。海底捞有这样英明的领袖，和如此优秀有干劲的员工，生意兴隆自然势不可挡！我会感染周围的朋友，让更多的人去阅读他们的故事，让更多还有自卑感的农村孩子看到希望，去"用双手改变命运"吧！我相信，由于他们的感染，也将会带动整个服务行业一个很大的进步。那时，他们会更加自信和自豪！所有的管理层都应该认真地深思一下：我们是怎样感染我们员工的？我们是如何关注我们员工内心成长的？我们为可爱的员工付出了多少爱呢？

养而不爱如养猪，爱而不敬如养狗。而人呢，只给吃和爱是不够的，还需要尊敬。什么是对人的尊敬？见老板鞠躬给领导鼓掌？那是对地位和权力的尊敬。对人的尊敬是信任。信任你的操守，就不会把你当贼防；信任你的能力，就会把重要的事情委托给你。人被信任了，才会有责任感。而信任的唯一标志就是授权——海底捞给予火锅店的普通员工物质回报，还给他们"信任"与"授权"，让他们一同收获幸福感和成就感。

信任不是说出来的，而是做出来的。张勇在海底捞公司的签字权是 100 万以上；100 万以下是由副总、财务总监和大区经理负责；大宗采购部长、工程部长和小区经理有 30 万元的签字权；店长有 3 万元的签字权。书中说，这种放心大胆的授权在民营企业实属少见，但我认为这都不是最重要的授权，海底捞最重要的授权给予了基层的服务员：不论什么原因，只要员工认为有必要，都可以给客人免一个菜或加一个菜，甚至免一餐。

这个小细节体现了海底捞管理的奥秘。从服务员一手干起的老板——张勇明白：一个餐馆不论其名气或者装潢，客人从进店到离店，始终只跟服务员打交道，所以餐馆客人的满意度基本掌握在跑堂员工手里。

怎样才能服务好客人？那就要善用这些在现场的普通员工，多发挥他们的才智。做法很简单——授权，张勇给他们作决定的权力。如果客人对你餐馆的服务不满意还要通过经理来解决，这个解决问题的本身又会增加顾客的不满意度。一般餐馆里，顾客结账时不会同服务员谈打折优惠。为什么？谈了半天，那个忙得跳脚的服务员连是否能给个 98 折优惠都闪烁其词，因为他要看大堂经理的脸色。这种折扣，给与不给，顾客与餐馆都双输 ——顾客找经理要到折扣，也不会念餐馆的好。这等于海底捞的服务员都是经理，因为这种权力在所有餐馆都是经理才有的。德鲁克认为，企业的员工是否是管理者并不取决于他是否管理别人，所有必须坚持自己的目标和标准，进行决策，并对组织作出贡献的员工，实际上都在行使管理者的职责。显然，在海底捞的管理体系中，每一个基层服务员都是一个"管理者"，对服务品质起到关键的影响，对公司至关重要。每个员工都是管理者的餐馆，显然就具备了不可复制的核心竞争力。

第五节　我通过《窗里窗外》 认识你

　　我小时候就看林青霞的电影，很是喜欢，不管是《东方不败》还是《东邪西毒》。都感觉这是一个完美的女人，当时为了更多地了解她，还专门登录微博查找她的动态，可她为人低调，每年只在生日当天发一条微博而已，所以除了在电视上之外，并没有过多关于她的故事，可没想到她出书了，她出版了自己写的书，关于她点点滴滴的趣事和生活。林青霞说，四十岁之前，她因为拍戏忙，没时间看书，四十岁以后，她爱上阅读，闲来也会写几笔，锁在抽屉里。要走进林青霞，最好的方法，莫过于阅读她的文字，倾听她的心声，细细品味她书中淡淡的笔触。

　　其实她这本书迟到了十八年，大概这本书出版之前的十几年前，曾有出版社联络了林青霞，跟她坐下来认真地讨论了给她出书的可能性。当时负责这项企划个案的编辑也是好作家，他认定林青霞在华人影坛是美丽的代名词，所以打算从一个较高的审美领域而不仅仅是从影回忆录之类的八卦角度去理解她的生命经验，然而其后基于这样那样的理由，企划中止，个案暂停，林青霞的出书想法一搁就是十八年。

这虽然是一本迟来十八年的书，却必定是一本超越当初构思的书，林青霞在过去的十几年中经历了更多曲折的生命经验，先为人妻、再为人母、影坛暂别、父母离世。

最让我感动的就是："只要姥爷你笑一笑"。书中是这么记载的：父亲 2006 年离世，在他临走的前几个月，我经常带女儿去探望他。有一次在飞机上我跟女儿爱林说："姥爷年纪大了，身体又不好，要让他笑是件很不容易的事，你是他最疼爱的外孙女，最容易逗他开心，只要你为他做一件小小的事，哪怕是递一张纸巾给他，都能令他笑开怀，你要帮妈妈孝顺父亲，也要为自己孝顺姥爷。"

父亲告诉林青霞，他永远都不会忘记的一个画面就是，有一天早上他睡醒睁开眼睛，第一眼就看到爱林坐在他床前椅子上，静静地对着他笑，他很感动，也很感激爱林不嫌他老不怕他病。

亲情永远大过一切，看到一个大明星对自己的父亲这般亲切，我也常常恨自己为什么不多抽点时间回去陪陪爸妈。特别是我爸一个人在老家，接他走他说去大城市他会不习惯，到时会各种不方便，我不清楚他是真的感觉在老家好，还是怕给我们造成困扰，担心影响我们工作呢。其实我希望的也是一家人在一起，眼看着父母年龄越来越大，害怕自己后悔。印象中我爸爸说想去北京看看天安门，也许这是那个年代的情节，但是由于我们姐弟几个时间一直错不开，至今未去。这个也成为至今我心里的一个结。

　　每次给爸妈打电话都是会一直嘱咐我吃好睡好，不让担心他们，更夸张的是上次回家我爸不知道从哪里找到一张我小时候的照片，然后就让别人打印出来。我看到后第一个反应就是我这个女儿真的不孝顺，父母想念我的方式只能通过照片，真想抽自己一个耳光，之后我就照了很多照片摆在家里，也许我写这本书很大一方面就是想放在家里，让我家人看的吧。亲情，真的是一种说不出来的伟大，为孩子不求回报地付出，我爸妈真的做到了。

第六节　非洲饥荒的驭风少年

《驭风少年》是一本令孩子、老人、总统和商界领袖都感慨万千的书。"驭风少年"威廉·坎宽巴出生在非洲东南部的马拉维，这里被联合国列为世界最不发达国家之一，巫术、饥荒和瘟疫是这片土地的关键词。威廉小学毕业就辍学在家了，但他仅凭对知识的好奇心和图书馆里的几本科学教材，就用各种废铜烂铁造出了风车发电机。

一位17岁的辍学少年，以一本美国教科书《利用能源》为参考书，利用自行车零件、晒衣绳、废旧塑料袋等物，独立制造了一架6米左右的风车，令因长期停电而陷入黑暗的家庭重获光明。后来他又成功地用风车为邻居及亲戚的手机充了电，周围人不再需要专程到镇上为手机充电了。为了试制风车，他付出了艰苦的努力，甚至烧毁了母亲的煮饭锅……

毫无疑问，转载这条新闻下面的评论里会是一片哗然：

"做出一些别人好久之前就做出来的东西居然也叫发明？'发明'这词儿不是这么用的！"

"不过是动手能力而已，跟科学有什么关系？他做的这个风车跟科学小实验有什么两样……"

"小米加步枪呀。"

甚至，包括我自己也会这么想。

但威廉不住在中国，他在马拉维——地球上最贫穷落后的国家之一。无意中，我看到了《驭风少年》这本书，读到了他的故事。马拉维是一个非洲小国，那里巫术盛行，国民饱受干旱、饥荒、瘟疫和艾滋病的困扰。1987年，威廉就出生在这里，家人以务农为生。马拉维是非洲内陆国家，除了农业，几乎没有别的产业。虽是"80后"，但生在马拉维，威廉的童年也注定和我们的不一样。

比如，被巫术与迷信包围。他从小就听惯了巫术故事，相信巫术像飓风和横跨在小路上的蜘蛛网一样难以捉摸；他见惯巫师的表演，明白巫师会让孩子们帮自己施展巫术，诱引孩子吃人肉，自此巫师的邪魔会控制这孩子的身心，永世不离；他曾经为了得到超人的力量，把全部积蓄给了一个同村的孩子，来换取法术，结果被人狠狠地耍了。

村里流传着很多关于巫术和巫师的故事。在他六岁的时候，村里的几个孩子在路边发现一个布袋，里面装满口香糖，这对物质匮乏的孩子们来说，简直就是天大的惊喜。那几个孩子分了一点给威廉，他迫不及待地享受了甘甜的糖浆。第二天，一个生意人说前一天早晨他在去市场的路上掉了个袋子，并且威胁说他已经去见过村里的巫医了，吃过那些口香糖的人马上就会后悔的。六岁的孩子听到后心跳加速、狂冒冷汗，觉得充满魔力的巫医已经控制了他，心里充满对死亡的恐惧。他哭着跑回家，告诉了正在干农活的爸爸。爸爸体格健壮，从来没有被巫术吓倒。但看到如此恐惧的孩子，爸爸只是告诉他别担心，这件事一定会很好解决的。然后，爸爸步行八公里找到了生意人，把发生的事情告诉了生意人，二话没说，把整袋口香糖的钱都给了生意人，那是爸爸一个星期的收入，威廉觉得自己得救了。这样的爸爸给了孩子一生的安全感。

还有贫穷、饥饿及周遭人的疾病和死亡。得了肺结核无钱治疗的伯伯说倒下就倒下，饥荒令吃不饱成为生活的基调。就在这种恶劣的环境下，文明的曙光、现代科学的力量却在一点一滴、无声地渗透。威廉还小的时候，马拉维没有电视台，但家家户户都有收音机。从第一次听到收音机传出声音起，威廉就很想知道这个小盒子到底是如何运转的。

威廉和堂兄把收音机拆掉，看内部结构，经过无数次的试验失败后，发现噪音来自集成线路板接触不良，他开始大胆地动手修收音机了。找不到烙铁，他就将铁丝烧红后，把金属连接点熔在一起。

渐渐小有名气后，左邻右舍开始拿收音机来让他们修理，并鼓励他们说："这两个小科学家真不赖！"科学家？科学家就是干这些的吗？威廉有了新生的、模糊的理想：我要成为一个科学家。

但在 14 岁那年，他失学了。

"灾难像课本里写的古埃及饥荒一样，迅雷不及掩耳地降临在我们身上，而且没有停歇的意思。"饥荒令全国陷入紧急状态，霍乱肆虐，大批饥民流浪。有承担不了家庭重担的男人逃到城里去，任凭身后的妻儿活活被饿死。威廉的父母都瘦成皮包骨头，再也没钱给他支付学费了。知识在这种情况下，是更大的奢侈。威廉的故事被渐渐传播开来，不仅为他自己赢得了改变命运的机会，更使他向着改变祖国的梦想又进一步，同时还鼓舞着全世界每一个正在奋斗的人。

苦苦支撑了数月，玉米和南瓜终于成熟，威廉庆幸自己和家人都活了下来，但学费还是拿不出来。人人都在瞎玩，只有威廉想培养一种让自己增加知识的爱好——他太想回到学校了。有个叫"马拉维教师培训联盟"的组织在附近小学建立了一座小型图书馆，里面存放着美国政府捐赠的书籍。那些书蒙尘已久，从未有人看过，但是这一天，威廉来了。他用蹩脚的英语，磕磕绊绊一本一本地读着科学读物。

威廉最感兴趣的始终是与发电有关的知识——谁叫马

拉维电力供应状况一塌糊涂，只有2%的人能用上电，还动不动停电一两个星期呢。终于有一天，他翻到了《利用能源》这本书，封面上画着白色高塔，上面装着三片庞大的风扇叶片——这是什么？翻开书页后，他知道了：这是风车。风车可以发电。有了电，家里电灯就可以亮了，晚上可以读书，不用像绝大多数马拉维人一样，七点就早早上床。风车可以转动水泵，汲水灌溉。如果能在浅井上装上水泵，那么家里一年能收获两次，再也不用担心饿肚子了。

威廉越想越美：风力是上天赐予马拉维不多的几种资源之一，大树从早到晚都被大风吹动。风车能把村民从饥饿和绝望中解救出来，他们就再不会吃不上早餐、上不起学了。

为什么他不曾知难而退？因为他根本不知道有多难。他从来没做过大型器械，而他想：这本书封面上的风车也是人造的嘛。人家能造，我也能。在威廉的世界里，从来没有大型工厂、数控机床等的存在。

威廉家附近有个废弃的种植园，现已沦为旧车车和废品堆，每天威廉像寻宝一样在里面搜索机器零件和锈迹斑斑的各种风扇、缓冲器、轴承……他又软磨硬泡说服父亲同意他把家里的旧自行车改制成风车支架。发电机苦觅不得，最后好心的小伙伴用零用钱帮他买了一部旧的。

没有什么能阻挡一个少年的梦想。一点一点，威廉的风车建成了。那一天，威廉左手拿着连了电线的小灯泡，爬上风塔的第一级阶梯。万事俱备，只欠东风——而风，几乎是马拉维唯一不缺的东西。

威廉的一生自此改变。他不断改进风车，两年后，这个传奇少年的故事"上达天听"，他因此重返校园，甚至以青年科学家的身份去美国出席国际会议，还进入南非一所非洲领袖学校就读。

我不知道威廉是不是天才，他其实没有发明什么、发现什么，他只是用现有的技术手段、现有的物质——是的，虽然是代替品，但橡胶、发电器到底不是他生产出来的——做出了我们已有的工业品。他以后会怎么样？薄弱的知识基础、更薄弱的国力，都限制了他的发展。很可能他只是爱动脑、动手能力强、有行动力。但是，他在最恶劣的环境下崭露头角，像小草顶开头顶厚厚的石板，露出一点点绿意。

和他比起来，我们是不是太幸运？虽然我们都面临过许多困难，但这些困难，会比14岁的威廉面临的更多吗？他没有师长，没有钱，在赤贫之地几乎看不到未来，而他，一心一意实现了梦想。

你从小念念不忘的风车呢？你打算什么时候开始造？

第七节　鬼吹了谁的灯

《鬼吹灯》这本书大家应该都看过，即使没有读过的也应该有所耳闻，读《鬼吹灯》会让你有一种特别"心动"的感觉，它就像有魔力一般让你完全把灵魂融入书中。与其说魔力，更不如说此书像"毒品"，因为它让你上瘾，无法自拔。每个人的读书角度是不同的，一千个人心中有一千个哈姆雷特，看鬼吹灯也一样。一本书的成功之处就在于让读者喜欢上书中的人物。一本书必须要有自己的主线，即主要线索，那便是一本书的灵魂之所在。一本书没有了自己的灵魂，那便是流水账了，如早上吃饭、中午喝水等。索然无味，不如不看。然而《鬼吹灯》的主线十分明朗清晰，就好像一棵大树的主干一样，一点一点向枝叶蔓延开来。

其实我看的玄幻小说并不少，但是头一次这么喜欢一个系列的故事，喜欢盗墓主题的书。之后，我还觉得不过瘾，看了《盗墓之王》，看了《盗墓笔记》，但是总觉得和《鬼吹灯》有点儿差距。随着《盗墓笔记》越写越多，我渐渐被吴邪和小哥这两位主角吸引，小哥的身世之谜直到最后都没有揭晓，有点儿写得太大收不住的感觉。

文章的内容让我觉得很真的不仅是这些历史遗迹，而且在刻画人物上，也是生动与新鲜的。《鬼吹灯》第二部也为四本，分别为：《鬼吹灯之一黄皮子坟》《鬼吹灯之二南海归墟》《鬼吹灯之三怒晴湘西》《鬼吹灯之四巫峡棺山》。在这部书中我感受到科幻大片的力量，如果我是导演、制片，会有冲动去用电影的方式刻画、塑造人物，让大家看到中国也有这样的科幻片，甚至比那些机器人还要神秘诡异，因为我们，有历史、有文化、有古墓、有亡灵。文中"僵尸"与"行尸"区别也做了详细说明，很多不知的知识，让我们懂得了世界上并非有鬼魂，却有很多科学难以理解的事情，但是那些却可以用大自然的语言来进行剖析得出结论。

到底是因为我爱探险冒险的内心让我这么爱这本书，还是因为这本书而让我喜欢探险类的各种影视资料，无论是书、电影、电视剧等，到现在都有点儿分不清了。记得在这本书之前我是非常爱看玄幻小说的，但是大都是各个作者幻想出的异世，这么有年代感的现实题材小说，那个时候读完感觉大概用惊为天人来形容都不为过。

作者把书中主角足迹遍布沙漠、雪山、森林、峡谷、急流、草原等时的情景一一呈现了出来。因此，可以说，全书构思新颖，题材独特，涉及内容包罗万象，天文、地理、历史、考古、文物、宗教、生物、枪械、神话传说、周易八卦等方面。西域文化、古滇文化、西藏文化的知识都是深不可测的，可想而知作者的知识面、阅读面得有多么广，也算是作者文化背景的一种显示吧。这倒是可以作为我们多读书、读好书的一种激励，想想只有知识面广才能或者说有可能"侃得起来"，抑或者说为"吹"提供一种可能性。

第 二 章

你的光环就在下一个阶梯

第一节　石油大王的最后一分钱

有一个青年总是抱怨家里贫穷，自己学历也不高，到了找工作的年龄却一事无成。后来，青年来到了城里，觉得这里总可以找到一份工作了吧，但是没一个人看得起他，因为他没有文凭。于是，在绝望之中，青年给当时很有名的银行家罗斯写了一封信。他在信里抱怨了命运对他是如何的不公。他说："如果您能借一点钱给我，我会先去上学，然后再找一份好工作。"

信寄出去之后，青年在旅馆里一直等到花光了身上的最后一分钱，罗斯终于回信了。这封信中并没有夹着金钱，罗斯也没有对青年的困境表示同情，而只是讲了一个故事：

在浩瀚的海洋里生活着很多鱼，那些鱼都有鱼鳔，鱼儿们利用鱼鳔顺畅而自由地在海里游着。在这些鱼当中，只有鲨鱼是没有鱼鳔的。没有鱼鳔的鲨鱼照理来说是不可能活下去的，因为它行动极为不便，很容易沉入水底，在海洋里只要一停下来就有可能丧生。于是，为了生存，鲨鱼拥有了强健的体魄，成了海底世界里最为凶猛的霸主。现在，你就好像鲨鱼一样，而这个城市就是一个浩瀚的海洋，拥有文凭的人很多，但成功的人却很少。

读完信后，青年久久不能平静，脑子里始终在想着这个故事。突然，青年拆开了本来已经收拾好了的行李，决定继续留在城里拼搏。第二天，青年跟旅馆的老板说，只要给一碗饭吃，他可以留下来当服务生，一分钱工资都不要，旅馆老板于是高兴地收留了他。

经过青年不懈的努力，十年以后，青年终于拥有了令全美国羡慕的财富，并且娶了银行家罗斯的女儿。这个青年就是著名的石油大王哈特。

种子不落在肥土而落在瓦砾中，有生命力的种子决不会悲观和叹气，因为有了阻力才能磨炼。鲨鱼从生存到优秀再到卓越，不只是上天的安排，而是它自己把握住了自己的命运。我们每一个人的命运也一样，成功并不完全取决于我们的学历、经验和出身，更为关键的是，我们有没有一个积极的心态，有没有奋斗的决心和勇气，有没有为之而付出努力。

第二节 "女魔" 玫琳凯的你能行

玫琳凯·艾施（Mary Kay Ash），玫琳凯化妆品公司创始人和荣誉董事长，她以 5000 美元起家，创造了年销售额超过 20 亿美元，拥有 50 万名美容顾问的跨国集团，她的公司被美国《财富》杂志列为全美国最受尊敬的最大财团公司之一，她本人也被视为当今世界最成功的女企业家。玫凯琳这个名字能够作为世界知名的化妆品品牌而家喻户晓，源于玫琳凯不平凡的梦想和经历。

1918 年 5 月 12 日，玫琳凯出生于美国得克萨斯州休斯敦市，她从 6 岁开始照顾患肺结核病卧床的父亲，母亲则在一个餐厅中每天工作 14 个小时。母亲对生活非常乐观，几乎在所有的事情上都给她鼓励，从学校的功课到课余时间卖小零食赚钱，"你能行"是妈妈最常说的一句话。这种自信一直陪伴了玫琳凯的一生。

17 岁那年，高中毕业的玫琳凯和当地的罗杰斯结婚了。这时正是 20 世纪 30 年代经济大萧条时期，为了支撑家庭，玫琳凯开始了她的销售职业生涯。最初，她销售儿童心理书籍，靠着坚韧的性格和善于与人交往的优势，做得非常出色。但不久以后，她决定改变方向，试图寻找一家能提供一系列产品的公司。她把目光放在了直销家用器皿和清洁剂的斯坦利家用产品公司上。

她在这家公司的业绩依然十分优秀，很快便提升为经理。尽管业绩优秀，但在这家公司中玫琳凯却得不到应有的尊敬，因为这家公司是男人的天下，她的意见和建议只会遭到嘲笑。然而，就在玫琳凯深感困惑的时候又一桩痛苦降临了。玫琳凯的丈夫服完兵役回来后坚持要离婚，尽管玫琳凯也知道自己的婚姻不幸福，然而对于一个虔诚的基督徒来说，婚姻失败对玫琳凯打击很大，她一度形容那是自己人生的最低点。

1938年，20岁的她把家搬到了达拉斯，在那里，这位年轻的单身母亲带着三个孩子，并没有停滞不前，尽管日子那么艰苦，她还是用常人难以想象的毅力完成了她的大学学业。为维持家里的种种花销，她找了一份家庭日用品销售的工作。为激励自己努力工作，她把自己每周要销售的肥皂数量目标写在卫生间的镜子上，每天早上起床就能看到，不断加大自己的压力。11年后，因为刻苦和努力，玫琳凯已经积累了丰富的销售经验，她转到了一家叫作"礼物世界"的直销公司。由于勤奋工作与业绩突出，她成功地在公司主任委员会里赢得了一席之地，并且把公司的销售区域扩展到 43 个州。

1963 年，公司为她聘请了一位助手，但所付年薪高出她本人的一倍，只因为助手是个男人。玫琳凯再也无法容忍这种轻视，一气之下便解职回家。这时她已 45 岁了。

从这家公司出来后，玫琳凯气愤不平，她开始思考如何才能让女性在这个男性统治的商界里赢得尊重。她曾试图写一本书，将她自己在工作中看到的这些不平等记录下来，并提出许多应该改进的事情。然而当玫琳凯试图构思她的这本书时，一个新的灵感突然降临了："既然自己有这么多的经验和想法，为什么不自己开一家公司来实现自己的想法呢"？梳理了所有可能的产品后，玫琳凯想到自己曾经接触过的一种非常有效的护肤品，适合女性而且适合这种直销的模式。自己开一家直销这种化妆品的公司不仅满足顾客的需要，更重要的是满足女性个人成就的愿望。

然而，成功之路总是荆棘密布，就在玫琳凯的公司要开张的一个月前，她的第二任丈夫因急病骤然去世。面对这样突如其来的打击，倔强的玫琳凯依然坚持着自己的选择。1963 年 9 月 13 日，在儿子理查德的帮助下，玫琳凯倾其积蓄成立了玫琳凯化妆品公司，一个直销传奇也由此诞生了。

玫琳凯早年在挑战男性世界时就曾有一句名言警句："这个世界上存在着四种人：第一种人促使事情发生；第

二种人看着事情发生；第三种人不清楚所发生的事情；第四种人完全不知道发生了什么事。"在玫琳凯很小的时候，她就一直想成为第一种人。她知道，一个人是否能获得成功，往往是由其个性决定的。她牢记母亲经常说的一句嘱托："你能做到！"而玫琳凯的行动也印证了这句嘱托。

1963年9月13日是星期五，一个西方人认为不吉利的日子，在她20岁的儿子理查德及9位热心妇女的协助下，玫琳凯在美国达拉斯成立了一个店面很小的公司。这家以玫琳凯名字命名的公司，正是玫琳凯梦想实现的开始，它提供给妇女不论在收入、事业发展及个人抱负等方面无限成长的机会，是帮助女人实现梦想的公司。除了变传统的销售方式为面对面销售，直接为顾客提供最好的服务，玫琳凯更希望公司所做的并不仅仅是制造和销售产品，而应该为广大妇女做更多的事情，以"丰富女性人生"为己任，"创建全球女性共享的事业"。

许多人开创新事业是为了赚钱，但这绝不是玫琳凯的主要动机，当时的玫琳凯早已衣食无忧，相当富裕。已经身为祖母的玫琳凯坚定地认为这是个必然会给妇女带来改变的事业，也是必定要成功的公司。公司开张伊始，玫琳凯就致力于为广大妇女提供前所未有的经济独立，以及个人发展和个人成就的机会。玫琳凯将自己所信奉的"你要别人怎样对待你，你也要怎样对待别人"的理念作为她公司的指导哲学和市场理念，大力倡导"信念第一、家庭第二、事业第三"的生活优先次序，用"你能做到"的精神来激励其他女性加入自己的事业。

玫琳凯对传统的挨家挨户的直销方式进行了一次革命，她将自己的销售员称为"美容顾问"，以小组展示方式推销产品，每次参加活动的人数不超过五六人。玫琳凯说："这种方式让我们的顾问方便指导妇女如何保养皮肤。"玫琳凯还采用当时一般公司并不采用的付款才能提货的政策，这使得公司不需要很多开办资金，更重要的是，她让她们只付零售价的50%购买整套产品，这远远低于一般的直销公司，使许多妇女从中更多地受益。这项政策不仅极大地鼓励了公司的美容顾问的工作热情，也使公司免去了许多坏账。

创立第一年，在10来个"美容顾问"（销售人员）的共同努力下，公司的销售收入达到20万美元，第二年迅速上升到80万美元，并且拥有了3000名女性组成的销售队伍。1976年，玫琳凯公司正式在纽约股票交易所上市，这是第一个由女性拥有的上市公司。此后，公司的业绩越来越好，从一个名不见经传的小公司成长为美国最大的护肤品直销商。

如今，玫琳凯公司拥有85万多名独立的美容顾问（多是女性），在五大洲的37个国家设有分支机构，每年的零售额超过150亿美元，玫琳凯的产品占据全美面部护肤品和彩妆销售第一名。《财富》杂志三次把玫琳凯公司列入全美最好的 100 家公司，是女性最佳选择的 10 个公司之一。

第三节 日本最会生活的男人

如果有人问，不上班又能赚钱过日子的方法是什么样的方法，我会告诉他就是"绝不放弃"。从事自己最擅长的事，其他人觉得开心、自己也会开心的事，虽然无法成为第一名，但是是自己唯一会的事，形形色色的事都可以。

也许这样的路会很漫长，也许会很辛苦，很劳累，可能生活拮据，但一定会有感觉到幸福的瞬间。在一天里头，一定会有人在某个时刻需要你。就算是在不得已的情况下开始上班，只要不放弃，不失去这样的信念，也许就可以轻松度过一天中令你感到痛苦的时刻。

松浦弥太郎头上顶着很多光环，他是日本最具个性的书店"Cow Books"的创始人，是多本畅销书的作者，是日本殿堂级城市生活杂志《生活手帖》的总编辑。他可能是日本最懂生活的男人。

十八岁从高中辍学，只身赴美，松浦坦言这段看似潇洒的异国流浪之旅，其实是为逃离现状的"避难之旅"，并没什么"去美国追梦"之类冠冕堂皇的理由。"就像是长时间被囚禁在一个很难受的房子里，自然会想着从那里逃出去。我去的地方刚好是美国，仅此而已。"

而就是这一轻率的决定，成了他人生的转折点，语言不通、没有朋友、无所事事。初到美国的松浦渐渐意识到，当时人人向往的美国似乎并没有自己的容身之所。

"走到大街上，我看见有人和家人同行，有人则是和朋友走在一起。有情侣，也有看似同事的组合。在他们之中，就只有我是一个人……走路是一个人，看电影也是一个人。想去餐厅简单吃点东西，也是一个人。不，准确地说，我根本没办法去餐厅。"

他遭遇了人生中前所未有的困境，第一次为了"活下去"而挣扎。也正是这份孤独让他更靠近自己，开始思考对自己来说真正重要的是什么，"在那时，我第一次认识到了自己的内在，第一次认真思考我到底是什么样的人"。

松浦独特的生活观，也许就是从那时开始生根发芽的。35 岁开了"Cow Books"小书店，也坚持只卖 2000 本书，这是正常书店储量的一半。书店里珍藏着已经绝版了的 20 世纪 60、70 年代关于社会运动、政治改革、主张宣言、垮掉的一代的书，还有那些早已被他人遗忘了的作家的首版印刷古书。

这些都隐隐透露出了"Cow Books"所体现的一种文

化气质，其所呈现出来的，也都是松浦自己的趣味、经历、美学、品味。"Cow Books"所追求的，就是只上架我们自己读过的、感动过的、理解了的书。

"Cow Books"的魅力不仅在于松浦赋予了它独特的个性，也在于他朴素真挚的经营理念，因为这些书至少是自己读过后收获感动的书，可以把和客人诚恳地分享这份感动作为工作的目的，这点绝对是我们的尊严。

"Cow Books"是在试图追忆，甚至复兴那个图书真正有趣的时代。20世纪60年代到80年代之初，纯粹为了传递自己收获的感动这样抒情意味浓厚的书很多。遗憾的是在那之后，只是为了销售而生产的书大量涌现，图书的魅力不复存在了。

究竟什么才是有魅力的？在松浦看来，有魅力的事物有一个共性：怪。这种怪，即是人性化。人是一种有趣的生物，于是，就会"怪"。每个人不是都有"怪"的地方么？只不过大家平时谨言慎行，而褪去伪装都是"怪"的。

并非把"怪"作为卖点，正是因为认真做，才会怪，才具有独特的个性和魅力，一如在那个图书的好时代，"只要拥有一本20世纪50年代的Harper's Bazaar，就等于拥有了一年工作所需的创意"。松浦在书中这样感慨。那是一个手工化程度很高的时代。用金属活版来印刷文字之类，一个个流程里都需要人工介入，如此一来，书所迸发出的力量自然就变强了。

书渐渐失去的人性的温暖和自由的气息，正是"Cow Books"想要找回的。

一周买一次花，两周剪一次头发，一年四次享受当季美食，在越来越快的生活节奏中，什么才是幸福？松浦坚持着自己的"怪"。早上五点起床跑步，晚上五点半结束工作，七点和家人一起用餐，十点准时睡觉，常年如此。

最爱吃咖喱，却规定自己每年只能吃三次。喜欢与朋友聚会，但每个月只安排一两次见面。不参加派对，多余的饭局，三人以上的聚会。

克制，会使欲望变得简单，只有过滤掉不必要的部分，才能更加专注地去生活，更加享受每一次身处其中的过程。不仅是生活，这种克制却自由的处事方式，也被松浦带进了《生活手帖》的编辑部。

拒不刊载任何商业广告的创办理念使《生活手帖》在日本杂志界始终是一个特立独行的存在，读者成了唯一的赞助商。所以他要求编辑们确认每一页"能不能让人幸福"。希望当读者翻看任何一页，都能感受杂志人制作时的用心。其内容的实用性和美学价值也深刻地影响了战后日本人民的生活。

松浦的编辑部没有选题会，每天只有两次"Tea time"，大家分享遇到的好玩有趣的事情。他要求大家周一到周五九点一刻上班，五点半一定要下班离开办公室，周末绝不加班。安排自己的时间，去陪小孩，做做饭，和朋友看电影……

因为他相信，只有用心地生活，才会有所发现，写出那些让人感动的事情。他说，"想做什么，能做什么"这样的问题或许永远没有答案，但只要认真去做，生活就会变得有趣。

"孤独"是松浦的"生活美学"里绕不开的一个话题。在很多人眼里，这个词带有负面含义。但松浦却不这么看，他认为在孤独面前，人人平等。能够接受孤独的现实，才是"能够自立独行一个大写的人"，才能真正读懂他人的心。

他在一次访谈中曾提到自己的经历带给他思维上的转变："我因为旅行以及其他事，变得孤零零时，逐渐意识到能够对他人的心意、对很多事情心怀感激也是一种自立。通过让别人接受孤独的自己，可以和他人相连，也能够获得真正意义上的交流。"

他有一个广为人知的著名言论：人的一生中有两个生日，一个是自己诞生的日子，一个是真正理解自己的日子。因此松浦无比珍视独处的时间，"独处的时间就是思考的时间，就是自己找答案"。

他在书中写道：不管面对他人时再怎么强势，面对自己时却很怯弱，这就是人。只有正视自己的孤独与脆弱，才是获得强大内心的途径。

他的美学理念看似简单却充满洞见，他的文字朴实真挚，如他本人一般亲切真诚，没有丝毫说教的意味。读他的文字，你会发现他并不试图要改变你，更没有充当权威或导师的野心，他只是在以一种交流的姿态，和你分享着他对生活的洞察、对人生的思考。

他把一本老年专刊捧成了殿堂级生活杂志，员工都爱死了公司那几条规矩：早上九点下班，下午五点半必须准时下班；每个工作日要参加两次茶歇；周末绝不可以加班；要安排时间陪孩子、做饭和朋友看电影。他说："如果你不懂得生活，你怎么让读者懂得生活？"

第四节　77 岁玛莎·斯图尔特的美丽

总有一些坚持，能从一寸冰封的土地里，培育出十万朵怒放的蔷薇。就像玛莎·斯图尔特，从打工妹到失业，再到亿万富翁，从家庭主妇到家政女王，从囚犯到传奇……75 岁却活成了 18 岁的模样。

玛莎·斯图尔特的童年是灰色的，1941 年她出生在美国新泽西州一个并不富裕的家庭里，父亲酗酒自私，一事无成。玛莎 10 岁的时候就不得不出来做保姆（看护孩子）以补贴家用。

这个时候所有人都不会想到，这个来自贫穷家庭的小姑娘，有一天会华丽逆袭，缔造属于自己的人生传奇。

家庭的贫困让玛莎早早知道只有付出比别人多 10 倍的努力，她才能得到自己想要的。于是，在同龄女孩都在炫耀着漂亮衣服的时候，玛莎把所有的时间都投入到学习中，因为用功，她成为镇子上第一个获准在成人区借书的孩子。

老天对她还算公平，虽然出身贫寒，但因为长相甜美，高中时期的玛莎被百货公司挑中做模特，并通过做模特赚的钱顺利进入美国顶级女子学院之一的纽约巴纳德学院学习。

为了负担自己的学费和生活费，玛莎必须舍弃所有玩闹休闲的时间，将精力投入到做模特上，但是不管生活多么窘迫，玛莎的身上永远充满阳光。

也就是在这个时候，玛莎和耶鲁大学的安迪·斯图特尔一见钟情，并迅速举行了婚礼，那时候的玛莎年仅 20岁。婚姻给玛莎的生活带来了巨大变化，为了支持丈夫的学业，玛莎不得不把事业和学业中断一年。

然而永远不忘成为更优秀的自己，这是玛莎一生最骄傲的坚持。虽然中断学业，但婚后，玛莎依然凭借自己的努力拿到了欧洲历史和建筑史的双学位。玛莎曾想重回模特圈，然而怀孕之后的她身材不复当年，女儿出生后，她成为华尔街一名普通的股票交易员。进入华尔街后，她也凭自己的努力很快通过证券经纪人资格考试，1968 年，玛莎成为美国最早的女证券人之一。

然而人生路上的坎坷和磨难总比你想象的要多，不久美国的金融圈发生动荡，玛莎的业绩也一落千丈，她不得不离开华尔街。玛莎下岗了。1975 年，失业的玛莎和丈夫倾尽所有，花了 3.37 万美元在郊区买下 6 间闲置的农舍。玛莎成了农妇，但几年后她才知道，这是传奇的开始。

从拥有农舍的那天开始，玛莎开始了她一辈子的事业：好好生活。玛莎开垦菜园，装扮花园，烹饪美味，将家里重新装修……这一切令她的生活无比充实和享受，她终于找到最适合自己的存在状态——热爱生活、保持优雅。过自己喜欢的生活，本身就是一件又美又幸福的事情。

岁月从不曾辜负美好的理想，再深的巷子也盖不住酒香。玛莎的家务技艺越来越出名，她与好友开始试着用自己的烹饪特长代人加工餐饮，并将自己做的甜点蛋糕卖给高级奢侈品店，同时，玛莎还向美食杂志投稿，结果大受欢迎。这个热爱生活的姑娘，人生方向忽然明朗。

接下来，玛莎又花了三年的时间完成了她的第一本书《美食飨客》，出版后立刻成为全美家庭妇女人手一本的"圣经"。她让美国人知道原来普通人的生活也可以如此充满格调。玛莎就像一阵突如其来的风暴，迅速成为优雅生活的代名词。

除了出书，玛莎还有自己的电视节目，连当时的第一夫人希拉里·克林顿都来做嘉宾。互联网兴起后，她又抓住机遇推出商品邮购。可以说，玛莎将生活中每一件普通的小事都做得精致而优雅，并将这种生活以不可阻挡的趋势推向整个国家。

玛莎成立了自己的"玛莎·斯图尔特家庭用品公司"，很快，玛莎的生活方式成为潮流：人们睡觉时要穿"玛莎"牌全棉睡袍，看电视要看美国哥伦比亚广播公司播放的《玛莎·斯图尔特的生活》节目；起居室要放"玛莎"牌木质咖啡桌，桌子上面摆放着"玛莎"生活杂志……玛莎，成了大名鼎鼎的"家政女王"。

1997 年，玛莎拓展了自己公司的业务范围，涵盖出版、电视、杂志等，公司业务蒸蒸日上，业务整合后，"玛莎·斯图尔特生活多媒体公司"应运而生。

1999 年，玛莎的公司在纽约证券交易所上市，她的身价也在一夜间超过 10 亿美元。玛莎和著名脱口秀主持人奥普拉一起做节目，从灰姑娘到家政女王，这番逆袭已是如此惊艳，然而玛莎的传奇并没有到此结束。

2002 年到 2005 年，玛莎因为一起涉嫌内部交易的股票丑闻陷入了司法纠纷，最终被判有罪服刑 5 个月。所有人以为这下"玛莎帝国"肯定要遭受重创了，但是玛莎再一次让所有人震惊了。

玛莎这样说道：只要我足够努力，我能做成任何事情。

在监狱里，玛莎被分配打扫卫生，包括清洁厕所。只要是她打扫过的地方都一尘不染，"简直闪闪发亮"。每天早上，她在监狱里锻炼一小时，晚上会练瑜伽，还在监狱里开设了瑜伽课。她还和室友学会用微波炉做出各种美味，教狱友们如何创业，并完成了新书《玛莎法则》的提纲。

无论命运把她放在什么地方，玛莎总可以把生活过成诗一样的美好。

出狱那天，玛莎看起来美极了！

2005 年玛莎开始全面回归，2006 年公司恢复盈利，2012 年她重新成为公司董事长，几个月的牢狱生涯并没有打垮玛莎，反而使她更坚强、更清醒，她旗下的公司也得到进一步发展扩大。玛莎再次用亲身经历告诉世界：人可以输，但不能被打败。

没有家庭背景，玛莎依靠梦想和奋斗将自己活成了一个传奇，而这个传奇从未停止过创造新的传奇。

70 岁对于很多人来说意味着什么？繁华落尽，美人迟暮？玛莎却告诉我们，70 岁一样可以美得刚刚好。

在玛莎家政杂志 2011 年万圣节特刊封面上，玛莎梳着一头利落的铂金色短发，佩戴了一对蝴蝶翅膀假睫毛，绚烂夺目，潮范十足。曾经热播的《破产姐妹》里，玛莎也客串出演，那个时候她 70 岁，在众多明星面前笑得漂亮自信。

如今玛莎已经 70 多岁了，但仍然坚持每天练习瑜伽，早晨五点起床写作，对生活，她从未丧失热爱。玛莎还在继续写新书，并出版了自己的第 87 本书。

出去旅行，看遍不同的风景，品尝当地的美食。摄影拍照，记录下生活中每一个精彩的瞬间。趁阳光正好，骑马去往另一个地方。去滑雪，尽情享受冬天的美好。教大家做美味的蓝莓酥。打理自己的花园、农场，看四季都有鲜花开放。为生活中每一个小小的惊喜欣喜若狂。

玛莎说，自己得到过的最好建议是："如果一个想法让你感到激情澎湃，那就放手去做，不要理会其他人怎么想。"

于是也不难明白，她从模特到家庭主妇，从股票交易员到下岗，从白手起家的农妇到创办自己的"玛莎帝国"，步步惊心，却又步步华丽。而且，年逾古稀，却活得更加从容、优雅。活得漂亮的人，无非是活出了她内心深处想要的模样，而非活在他人的评价里虚度时光。

所以，如果不是活得潦草，女人怎会容颜易老？

第五节　爱尔兰作家布朗的左脚

　　爱尔兰作家布朗，在他短暂的一生中创作了五部小说，三本诗集，从而成为爱尔兰最有名的诗人和小说家。这个一降生就全身不能动，只能用左脚趾写字的残疾人，创造了意志战胜病残的又一个奇迹。

　　克里斯蒂·布朗出生在都柏林一个贫苦人家里。布朗一出生就患了严重的大脑瘫痪症。到五岁时，他还不会走路，不会说话，头部、身体和四肢都不能自由活动。他父母见此十分着急，到处求医，都无济于事。就在布朗五岁那年，一天，他看见妹妹正在用粉笔写字，他忽然使劲地伸出左脚，将他妹妹手中的粉笔夹过去，在地上勾画起来。

　　就这样，小布朗以聪明的才智，以他的身残志残、持之以恒，成功地学会了用左脚写字、画画，并开始写作诗文。

　　1954 年，布朗 21 岁时，他出版了第一部自传体小说

《我的左脚》。16 年后，他又出版了另一部自传体小说《生不逢辰》。在这部小说中，他以真挚的感情、深刻的哲理、动人的故事和诗一般的语言震动了读者和文学界。不久，这本小说成为国际畅销书，还被摄制成电影。

1972 年，他与一位爱尔兰姑娘结婚了。在他妻子的精心照料和帮助下，布朗的创作热情更加高涨，又出版了多部小说和三部诗集。布朗在临终前完成了他的最后一本小说《锦绣前程》的写作，该作品于 1982 年正式出版。《圣经》说："当上帝关了这扇门，一定会为你打开另一扇门。"

成功往往隐藏在转弯的黑暗处。

在世界的另外一角也发生着这么悲伤又这么幸运的事，北京时间 2017 年 10 月 7 日上午，在加拿大蒙特利尔体操世锦赛上，出生于中国广西的美国女孩摩根-赫尔德，以 55.232 分获得全能冠军。

摩根-赫尔德是中国广西人，她刚出生时，就不知父母是谁，于是便进了孤儿院；2 岁时，这个孤儿有幸被一对美国夫妇收养。

因摩根-赫尔德儿时身骨柔软，被其美国的养父母送去学体操；她 8 岁时，就崭露头角，很快达到了体操 4 级水平；12 岁时，她就飞速地达到了 10 级水平，因此被其教练称作"极富天赋的选手"，这是她第一次参加这样的大赛，人们并未对她抱有夺冠的期望。因此毫无压力的她，发挥竟非常稳定，动作干净利落——其亚洲黄种人血统的矮个子与灵活性，加上刻苦与科学的训练和稳定的心态，让她首次参加世锦赛，就一举拿到了这个分量极重的个人全能冠军！摩根-赫尔德的儿时是不幸的，她自出生便没有了亲生父母的爱。然而养父母的爱，却给了她发展自己天赋的契机，走上体操之路。她也没有辜负这打开的另一扇门，通过自己的努力，成功夺得体操冠军。

从布朗和摩根-赫尔德身上，可以给人们一些有益的人生启发：每个人的一生中，或许多少都会有这样那样的不幸遭遇，可是，这并不代表人生的路就到了尽头！只要往前走，并通过努力，人人都能走出自己的一条路，都可以获得自己想要的成功。

第六节 一朵治愈抑郁症的花儿

蒙提·唐（Monty Don）的一生，用跌宕起伏来形容毫不为过。他于 1955 年出生于柏林，毕业于英国剑桥大学麦格达伦学院，随后到伦敦经济学院读研究生，同时兼职服务员和清洁工。他在 20 世纪 80 年代跟妻子莎拉（Sarah）做珠宝生意一度红火，但在 90 年代初破产，欠下巨额债务并深陷抑郁症。

祸不单行，在人生最低谷，蒙提·唐的母亲去世了。此时的他为了清还债务已经身无分文，拿着母亲遗留给自己的一点财产，举目四望，一片茫然。1991 年，在极度的绝望中，他和妻子搬家至赫里福德郡乡下，买了一处建于 14 世纪至 15 世纪的颓败房屋。这个倒霉透顶的英国人，打算就这样荒度余生。

反正闲着也是闲着，蒙提·唐在修复旧房屋的同时，将院落里的建筑垃圾和杂草进行清理。眼前的荒芜景象让他的心情更加糟糕，他决定"稍微收拾"一下这个院子。

有些国家的人天生能歌善舞，有些国家的人生来就会做生意，而在英国人的骨子里，园艺基因似乎与生俱来。话说蒙提·唐开始修复院落后，一发不可收。在他的努力和妻子的协助下，原本连流浪汉都不愿意光顾的院落，变得欣欣向荣、草长莺飞。

除了修枝剪叶，蒙提·唐还利用空余时间写了几本书，都是自己在园艺方面的心得。妻子此前从事心爱的珠宝事业，而为感谢妻子的陪伴，蒙提·唐为这座花园取名为"珠宝花园"。

更重要的是，将全部精力放在园艺上之后，蒙提·唐的抑郁症悄然自愈了。要知道，抑郁症绝对不是"想开点、开心点"就可以痊愈的，它跟感冒发烧一样，有生理上的痛苦、身体机能的失调，而非仅仅是精神上的困扰。

天无绝人之路，当蒙提·唐的珠宝花园百花竞艳时，命运的花朵也向他绽放。蒙提·唐所著的园艺图书让他在圈内渐有名气，很快得到了BBC的关注。

精于园艺的蒙提·唐，在大学学英语专业，优秀的综合素质让他随后成为英国广播公司（BBC）知名的《园艺世界》节目主持人。他的人生开始了新的篇章。在热爱园艺的英国，蒙提·唐的节目让他声名远扬，通过媒体平台，他也积极帮助更多有兴趣致力于园艺事业的人。

有个家庭在2008年的全球金融危机中步入困境，男主人事业受挫，妻子降薪，家庭拮据导致生活一塌糊涂，而看了蒙提·唐的节目后，这个家庭离开喧嚣的伦敦，同样到一处乡间种菜养猪，过上了幸福的生活。

蒙提·唐经历过人生失意的痛苦，也品尝过鲜花带给生命的芬芳。赠人玫瑰，手有余香，更多的观众在他的影响下，伴随花香绽放精彩的生命。

在工作之余，蒙提·唐几乎所有的空闲时间都在自己的花园里度过，在这里，他跟大自然零距离，跟自己养的金毛猎犬品尝苹果的芳香。在这处乡间花园，蒙提·唐跟妻子养育了三个孩子，孩子长大后，狗狗成为老两口温暖的陪伴。

看到丈夫喜欢动物，贴心的妻子在蒙提·唐 48 岁生日那天，买来 6 只小鸭子送给丈夫作礼物。蒙提·唐走出生命阴霾实现逆袭的路上，妻子一直是最重要的陪伴。

作为一个有着高学历的园丁，蒙提·唐的造诣没有止于园艺方面的精益求精，他提倡有机饮食，致力于将园艺、食物、艺术融入生活。所以，他在花草间，种了很多蔬果。

60 岁的蒙提·唐已然明白，二十多年前自己对人生绝望至极的那段经历，原来都是为了更好的生活而铺垫。就像鲜花的种子，在经历地下的黑暗和无望之后，终会有破土而出的那一天，迎来光明，芬芳整个世界。

如今，蒙提·唐已经辞去电视台的工作，在自己的花园里跟妻子恬然相伴，白头到老。看看这个已是六旬但容光焕发、精神矍铄的大叔，来时路上的所有坎坷，终将止于鲜花盛开的美丽人生。

人生是自己的人生，心情是自己的心情。自己的命运自己负责，别人的期待，不一定是适合自己的目标。不要总是活在别人的愿望里，要知道，你才是自己命运的主人。勇敢地为自己的人生作出选择，并甘愿承担一切后果。人生的许多选择，没人事先知道结果，所以必须愿赌服输。只要是自己选择的道路，即使错了，也无需后悔。

第 三 章

用书演绎人生主角

第一节　你的傲慢与我的偏见

初读《傲慢与偏见》是在去上海出差的途中，当时不仅是为达西和伊丽莎白的爱情故事而着迷，更是被真实有趣的英国乡村中产阶级日常生活和美丽的田园风光所吸引。随着年龄的增长，每次阅读都有不一样的心情，看到书中的风景也有所不同。

《傲慢与偏见》写于18世纪后期，那时英国正在进行工业革命，社会各阶级之间已经出现了很大的矛盾，但作者简·奥斯汀并不是通过描写大规模运动等来展现这个社会的矛盾，而是选择在她生活的英国乡村这个小环境下，描写四桩婚事，表达自己的婚姻观，通过讽刺经济利益对人们恋爱和婚姻的影响来展现社会矛盾。最令我印象深刻的是故事开始时，自私且势利的贝内特太太对彬格莱的吹捧，她重点不在于品行、外貌、学识等，而是兴奋于彬格莱5000英镑的年收入，这是多么滑稽可笑啊。还有威克汉姆为了钱财诱骗达西的妹妹私奔，从这些小切入点就可以深刻反映出当时社会金钱至上的不良风气。

在舞会上，女主角伊丽莎白见到宾利带来的友人达西先生。达西先生是个富豪，英俊、冷漠，一副高傲的样子。当宾利想介绍他认识伊丽莎白时，他拒绝了，并且有点出言不逊。男主人公达西的傲慢到底从何而来？从表面上看，取决于他出身优越，相貌堂堂，年收入又颇高。这也许就是由当时的阶级矛盾决定的。在这次舞会上达西不愿意与乡村的姑娘们跳舞，看不起她们其中的任何一个，甚至美丽的伊丽莎白也被他拒绝。所谓的"上流社会"对在乡村生活的中产阶级的歧视，特别是柯林斯对凯瑟琳夫人那阿谀奉承、虚伪愚蠢、奴颜婢膝的惺惺作态，无一不反映出阶级差距造成的深刻影响。而作者简·奥斯汀本人是英国乡村中产阶级的一员，并且终身未婚，书中描写的社会生活状态正是对她自己生活的真实写照，具有鲜明的时代性。

这本书描写的社会生活十分有趣，人物更是性格各异，栩栩如生。我最喜欢的是伊丽莎白。伊丽莎白是作者心中完美女性的化身，她的美貌虽不及姐姐简，但她具有过人的胆识和果敢的气概。柯林斯为了更理所当然地继承贝内特家的遗产，于是向美丽的伊丽莎白求婚，伊丽莎白理智地判断自己的情感，果断地拒绝了求婚。在凯瑟琳夫人来询问她与达西的婚事时，她不惧地位的悬殊，阶级的差距，勇敢地表达自己的内心。这些片段都使我不由自主地喜欢上了伊丽莎白，但同时她的偏见也使她和达西的感情走了一些弯路。伊丽莎白因为受到达西的怠慢，便对他产生了偏见。当风度翩翩的威克汉姆向她献殷勤时，便对威克汉姆产生了好感。当威克汉姆诽谤达西时，伊丽莎白深信不疑，从而更加憎恶达西，对他的偏见越来越深。

我们常说：不可以貌取人。但其实在生活中这一点很难做到，就像伊丽莎白对达西的偏见一样，威克汉姆军官英俊潇洒，玉树临风，又平易近人，幽默风趣。与达西的傲慢，不善言辞比起来，确实表面上要好很多。谁又能想到这位英俊的军官竟然是个恩将仇报的无赖赌徒，而看似冷血的达西却是个善良助人的绅士？就连聪明的伊丽莎白也被威克汉姆光鲜的外表给骗到了，听信谗言对达西产生偏见。这也教会我们一个道理，在了解朋友时，万万不可被外表所迷惑，要深入了解其人格，从多方面了解朋友。并且，朋友要自己去感受，从第三方了解到的情况并不一定是真实的。

男主角达西也十分有个性，他从小就受到良好的教育，他慷慨大方，助人为善，是英国贵族的典范。他面冷心热，虽然看起来冷冰冰的，拒人于千里之外，但他的内心充满了爱与仁慈。在威克汉姆挥霍完遗产，想拐骗他的妹妹离家出走从而获得金钱的情况下，达西还能宽容大度地原谅他，并且给予他金钱，实在是仁至义尽。达西在被伊丽莎白拒绝后，了解到了伊丽莎白的妹妹丽迪雅和威克汉姆私奔，在贝内特家面临危机的时刻，他不计前嫌，亲自到伦敦与伊丽莎白的舅舅一起寻找丽迪雅并商量计策解决问题。而这一切他都没有告诉伊丽莎白，这种不求回报的爱深深打动了我。

俗话说"金无足赤，人无完人"，达西的傲慢是他最大的缺点，达西第一次向伊丽莎白求婚时不仅倾吐出他对伊丽莎白的爱慕之情，同样也滔滔不绝地吐露自己的傲慢心情，并且谈得毫不逊色。他觉得她门第低微——他是降格要求，是家庭方面的障碍，使得理智与情感发生冲突。他说得热情激动，好像是他自贬身价之故，不过这却不大可能对他的求婚有利，他流露出来的胜券在握的神情更是火上浇油。对于自尊心强烈的伊丽莎白来说，听到这番告白是愤怒高于惊喜，自然少不了对达西的斥责。这也是文中最有意思的部分，把达西的那份骄傲毫不保留地表现出来，让人忍俊不禁。

合上这本书，仔细品味一番，我看到了什么？理智、人性、尊严、爱情……

之后这本著作被翻拍成电影，电影更是把人物演绎得形象无比，同时拥有了迷人的思想和有趣的灵魂。伊丽莎白很幸运，父亲的脑子遗传给了她，虽然她弹琴、跳舞、打牌都不那么出众，但是谈吐气质甚至她的咄咄逼人，她翻过篱笆时的满脚泥，都让她那么与众不同。这时容貌就不那么重要，家世背景通通不重要了。反正这些达西都有，自己有就不那么在意了，只在意她的不同，她的朝气蓬勃、她的生命力旺盛、她的勤于思考的大脑和从不输人的言谈。

你可以选择自己的朋友，但你不该也无法选择自己的家庭。无论你是否对家人心存感激，家人一直都是你的牵绊。而当你对家庭丧失感激之情时，会让你看上去很愚蠢。

第二节　杀死一只知更鸟

　　《杀死一只知更鸟》是美国图书馆借阅率最高的作品之一，是一部我读着就情不自禁哽咽的书，作为史上最受喜爱的小说之一，《杀死一只知更鸟》已获得显赫声誉。它赢得过普利策奖，被翻译成 40 多种语言，在世界范围内售出超过 3000 万册，并被拍成备受欢迎的电影。故事是以一个小女孩的口吻来描述的，一家人的生活从父亲为一名遭到诬陷的黑人辩护开始改变。

　　阿提克斯·芬奇是一位具有道德和正义感的优秀律师。美国电影协会评选的"100 名银幕英雄与恶人"中，派克主演的阿提克斯·芬奇律师名列英雄第一位。他有两个孩子，女儿路易斯·斯库特·芬奇，女孩哥哥名叫杰姆·阿提克斯·芬奇，在对一双子女的教育上，他也努力想把这些美好品质言传身教给兄妹俩。

　　有一天黑人汤姆·鲁滨逊被指控强奸了一名白人女子，而事实的真相是白人女孩想要勾引汤姆，被其父（鲍伯·尤厄尔）撞见，为了维系脸面，鲍伯·尤厄尔和女儿谎称女孩遭到汤姆强奸，并把汤姆告上了法庭。

阿提克斯接受法院的委派，为黑人汤姆辩护。

然而在当时的社会环境下，白人为黑人辩护是闻所未闻，甚者是有悖常理的。人们觉得他疯了才"为黑鬼帮腔"，人们纷纷指责他；孩子在学校也受尽辱骂，连他们自己都认为他们的父亲丢尽了脸；甚至阿提克斯自家的人也无法理解他的这种做法，家人都觉得这是给家族蒙羞……在这么大的压力下，阿提克斯依然坚持帮助这个黑人，他不仅在积极努力地收集各种证据，为开庭做准备。同时原告家族聚众到监狱门口，试图私自处死汤姆时，他还冒着生命危险救下了他的生命。其实连阿提克斯自己都知道白人和黑人打官司，黑人是永远都不可能赢的，可他还是坚持着，也许是为了公义也许是为了内心的一点点良知。

可尽管阿提克斯用尽了全力去揭示事实，最后诉讼还是失败了，汤姆后来被决绝地射杀了。阿提克斯因为在为汤姆辩护的过程中激怒了鲍伯·尤厄尔而屡次遭到他的威胁与报复，这让阿提克斯的家人非常惶恐，时刻担心他的安全。

这么糟糕的后果，难道阿提克斯自己想不到吗？不是的，他知道不管这场官司打不打赢他接下来的日子都不会再平静，作为一个专业的律师，一个生活的智者，所有的这些阿提克斯一开始都已经预料到了，正如他自己所说：
"在我们生活的这个世界里，有些东西会让人丧失理智，
他们不论怎样努力都做不到公平。这些很丑恶，但他们是
社会现实。"

那么为什么还要坚持做这件事情？正如他的女儿也曾
经问过他："那你为什么还会去做？"做这件对他的生活、
家人带来诸多负面影响甚至生命威胁的事情？这也许就是
这本小说最吸引人的部分。阿提克斯说："不能因为我们
在此之前已经失败了一百年，就认为我们没有理由去争取
胜利。"作为一个有两个孩子的父亲，阿提克斯告诉孩子：
"在我能和别人过得去之前，我首先要和自己过得去。有
一种东西不能遵循从众原则，那就是人的良心。"要坚持
自己内心的正义，不管现实状况是什么样子的，不管别人
是怎么说。

其实，他选择做这件事情，还有个更重要的原因：他
是一个父亲。

作为一个父亲，他更在乎的是，孩子将如何看待他们
这位做律师的父亲的一言一行。因为他做的一切都会言传
身教给他的孩子们，甚至会影响到他们一生的信念和人生
的许多重要选择。

"有时候，我觉得自己做家长很失败。可是我就是他
们拥有的一切。在他们仰视别人之前，首先仰视的是我。
我希望自己正直，以便能坦然面对他……如果我默许这类

事情发生，坦率地讲，我就没法再正视他的眼睛。一旦我不能正视他的眼睛，我就知道自己已经永远失去了他，我不想失去他和斯库特，因为他们就是我的一切。"

这也许是每个家长都应该学习和反思的地方：勇敢、善良、公平、正义，我们都曾被这样教育过，也要继续去教育下一代人。然而又有几个人能够以身作则，在危险来临的时候选择勇敢，在有利益冲突的时候选择公平，在强弱悬殊的时候选择正义，在遭遇伤害之后选择善良？

这本书给我的启示：何为善良？何为信念？仇恨与偏见如何在人群中泛滥？更重要的是，它在提醒所有成年人，该怎样做一名父亲，又该如何保护孩子心中的信念。我们总说孩子在不经意间就长大了，那我们有没有在他们的心中栽下正义？有没有在他们心中栽下宽恕？有没有在他们心中栽下尊重？抑或是让他们懂得光和热为何物，而非冷漠无情？

勇敢并不是一个人手中拿着枪，而是在你动手之前你已经知道自己会输，但依然会动手，而且无论如何会坚持到底。

第三节　索马里的沙漠之花

谁能相信这么残忍的事情是真实的：华莉丝·迪里在索马里沙漠里出生。4 岁时就被父亲的朋友奸淫。5 岁时被迫接受了数年前已经夺去她亲姐姐生命的女性割礼。12 岁时为了 5 头骆驼被父亲嫁给 60 岁的老叟，赤脚逃婚在沙漠中差点成了狮子口中的食物，跋涉所留下的深度伤痕吓坏了后来的同台模特们。18 岁的时候还不会说英语，离乡背井到英国，做清洁工人，遇上精明的摄影师，由此踏上模特路，20 世纪 90 年代成为超模。但她没有沉醉在多姿多彩的生活中，反而心系索马里，要救其他女童脱离割礼的苦海。1997 年，她放弃如日中天的事业，全身投入反割礼运动，成为联合国大使，写自传讲割礼的锥心之痛，成立多个慈善团体，唤起世界关注索马里女童的苦难。以她的亲身经历写了一本书《沙漠之花》，之后拍成电影，每次看这部电影都会让人心情复杂。

女主的一生从一开始就注定与众不同：在索马里出

生，5 岁就被迫接受未经任何麻醉的割礼。在非洲，每一个女人都有一种天生的宿命，一种无法选择的缺憾，它叫割礼。电影里的画面，荒凉而凄苦，在半山腰上，一块稍显平整的石头，不远处的树木都是枯死的，毫无任何医学常识的老婆子，用古旧的铁具给三四岁的女孩子切除全部的外生殖器。我耳边依然记得那个响彻山谷的哭喊声，所有的挣扎在茫茫戈壁，更加的孤苦无依。

　　12 岁因为 5 头骆驼被父亲嫁给了 60 岁的老叟，可是她不甘心就这么过这一辈子，所以她逃跑了。母亲看着她逃跑时并没有阻拦，她母亲内心不知道哪种才是孩子最好的归宿，所以哭着任由她逃跑，也许这是她母亲最后能为她做的一件事。她杠缘巧合来到伦敦，被人发掘成为一名世界级的名模。

　　我并不是先看了这本书，而是通过电影才了解到这本书籍是根据真人改编。电影两个小时零七分钟，以为是一个励志故事，最后放字幕时，在我心中留下的是历史的遗留给这个世界带来痛苦的事实。整个电影没有讲完她的一生。华莉丝成年前所遭受的苦难，在片中感觉没有带来深刻共鸣，那种感受也极难体会到。我们绝大多数至少有基本的童年，18 岁以前父母给予了他们能够给的最好的生活，而电影中的母亲也自认为给了儿女最好的。也许我们缺少勇气改变很多固有模式，也许我们害怕很多事情。各有各的不幸，但活着总会有的。华莉丝善良的心足够得到善良的人的帮助，这个世界有时很糟，有时很坏，但总会有好的。现在认为的光鲜亮丽，可能是一些人不得已而为之，为了自己，也为了减少更多的不幸！

这个黑人超模华莉丝·迪里的故事，就是不断把丢失的找回来，不断把被割走的补回来，哪怕疼，哪怕只有一点点可能。我相信和喜欢这个故事，尽管我依然承认这个故事里好像还有千万分之一的幸运，作为一个清洁工被星探发现，成为世界级的名模。如果她只是一个清洁工呢？可能这就不是一个会变成电影的故事，但它一定是我们大多数人都会走过的路，在快餐厅，收拾着桌面，扫地拖地，偶尔偷吃着客人的剩饭。可即便这样，她已经不同于她的妹妹，她家乡的很多女人，嫁给一个老头，忍受婚姻生子的痛苦，然后一点一点丢掉人生的所有可能。

可是，我们想要成就的，我们想要争取的，我想要为自己赢得的更多一点点可能，也许都伴随着别人的白眼和嘲笑。电影里有一个片段，华莉丝忍受割礼的疼痛，被朋友送进了医院，在白人医生带着震惊和不解检查之后，同乡人却给了她巨大的谩骂和侮辱。她几乎要放弃修正这一切，改变这种疼痛的可能了，她哭着走出医院。我想那就是命运。但还好，她又用巨大的勇气返回医院，这是为自己的幸福和人生，作出的最重要选择。

我想，每一个成长的路上，可能都有一瞬间的认输，也可能终究提起来勇气，一往向前。因为我们都需要更完整地去生活，无论生理还是心理的，让每一丝阴暗都能得到阳光，都能感受温暖。我们不断接纳那些残缺，我们不断与自己和解。这就是最后，华莉丝面对镜头，平静地讲述这个故事的结尾吧。

女性平等和赢得尊重，不是口号，不是学术，是每一个人用心完整地生活，明白自己的渴望，按照自己的意愿争取所有的可能。

第四节　一只完美的右手

想要用书撰写自己的人生，前提是你必须是一个好人，然而，何为好人？一心向善做好事不做坏事的人。当然我不是很喜欢这种说法，因为我觉得，"好人"只不过是人们称呼对自己有利的人的称谓而已，这个世界上不存在对所有人都有利的人。其实说白了，想让自己的人生精彩，就不能做坏事，即不能有害人之心。

1963年，一位叫玛莉·班尼的女孩写信给《芝加哥论坛报》，因为她实在搞不明白，为什么她帮妈妈把烤好的甜饼送到餐桌上，得到的只是一句"好孩子"的夸奖，而那个什么都不干，只知捣蛋的戴维（她的弟弟）得到的却是一个甜饼。她想问一问无所不知的西勒·库斯特先生，上帝真的是公平的吗？为什么她在家和学校常看到一些像她这样的好孩子被上帝遗忘了。西勒·库斯特是《芝加哥论坛报》儿童版栏目的主持人，十多年来，孩子们有关"上帝为什么不奖赏好人，为什么不惩罚坏人"之类的来信，他收到不下千封。每当拆阅这样的信件，他的心情就非常沉重，因为他不知该怎样回答这些提问。正当他对玛莉小姑娘的来信不知如何回答是好时，一位朋友邀请他参加婚礼。也许他一生都该感谢这次婚礼，因为就是在这次婚礼上，他找到了答案，并且这个答案让他一夜之间名扬天下。

西勒·库斯特是这样回忆那场婚礼的：牧师主持完仪式后，新娘和新郎互赠戒指，也许是他们正沉浸在幸福之中，也许是两人过于激动。总之，在他们互赠戒指时，两人阴错阳差地把戒指戴在了对方的右手上。牧师看到这一情节，幽默地提醒：右手已经够完美了，我想你们最好还是用它来装扮左手吧。西勒·库斯特说，正是牧师的这一幽默，让他茅塞顿开。右手成为右手，本身就非常完美了，是没有必要把饰物再戴在右手上了。那些有道德的人，之所以常常被忽略，不就是因为他们已经非常完美了吗？后来，西勒·库斯特得出结论，上帝让右手成为右手，就是对右手最高的奖赏。西勒·库斯特发现这一真理后，兴奋不已，他以"上帝让你成为好孩子，就是对你的最高奖赏"为题，立即给玛莉·班尼回了一封信。我突然想到中国有句老话叫"恶有恶报，善有善报，不是不报，时候未到"。我曾经对恶人迟迟得不到报应感到迷惑不解。现在我终于明白，因为"让恶人成为恶人，就是上帝对他们的惩罚"。

　　有次我出去见客户，我一般出去见客户都会提前到，因为我最不喜欢的就是迟到，所以就先到旁边的肯德基里面坐会。在等的时候，我看到一个阿姨在捡别人走后桌子上面吃剩下的薯条和汉堡，我就走到柜台点了一份汉堡饮料套餐，之后端到她面前，说："阿姨你吃吧！"她先是很吃惊地看着我，反应了一下后她说了："谢谢，姑娘你自己吃吧。"我说："我吃过了，你吃吧。"然后我就又回到自己座位上，过了会那个阿姨就走到我跟前说："姑娘你真是个好人，谢谢啊。"我说，"没事的。"之后为了避免她吃东西感觉尴尬，我就走了，其实我自己是不是好人，我也不清楚，但是我清楚地知道我没有害人之心，做人做事问心无愧就好。

第五节 母亲永远是书中的主人公

母爱是一种无忍的力量，没有妈妈哪来我的人生，她像春天的甘霖，洒落在我们的心中，虽然它悄无声息，却滋润着一棵棵生命的幼苗成长。人的一生，在世界上一切的光荣和骄傲，都来自于母爱，母爱是神圣的，它会在我们最困难时给予我们力量。从出生的那一刻起，人们的每一根血管都溶进了母亲一腔诚意的血液，依偎进母亲的怀抱是一种幸福。

有一个单亲母亲，白天在富人家里做女佣，晚上回家与四岁的儿子相依为命。主人知道了女佣的情况后，给她和孩子腾出个房间，说，把孩子接来吧，今后你们吃住都在我家里，一切免费，不扣你的一分钱薪水。女佣道了谢，说算了，不麻烦你们了。主人没再坚持，这个事就过去了。其实女佣有自己的担心，主人家的大房子里，光洗手间就有十几个，最小的洗手间，也比她家的房子大，她不知道在贫穷与富有的巨大落差前，对一个四岁的孩子将会产生什么影响。

有一天，主人要在家里请客，要请好多好多人，人手明显的不够了。主人与女佣商量说，今天您能不能晚点回家，我这里缺人手，现找来不及，只好麻烦您了。女佣说，行啊，就是有点担心我的儿子，他晚上见不到我会害怕的。主人说，这好办，你现在就去把他接过来，晚饭在我这吃，和客人一起吃就行了。女佣把儿子接过来时，客人正陆续抵达，她没领儿子从正门进来，走了侧门，然后把他藏在一间主人不大光顾的洗手间里。她从主人厨房里拿来一个盘子，从自己口袋里掏出香肠和面包，这是她在回家路上特意给儿子买的。

孩子从来没见过这么气派和华丽无比的房间，他不认识抽水马桶，女佣告诉儿子说，妈妈带你来参加宴会，你是小孩，不能和大人一起吃，这是宴会主人特意为你准备的单间。孩子想把餐盘放到洗漱台上，但他个头太矮，有点够不着，只好放到了马桶盖上，他坐在漂亮瓷砖铺就的地面上，一边唱歌，一边吃着这些平时很难吃到的美味佳肴。主人没发现孩子的身影，就去问女佣。女佣支支吾吾地说，我一直在忙着，没时间照看他，也许，他自己在玩吧。主人似乎明白了什么，他离开宴会大厅，把整幢房子的所有房间找了一遍。

最后在一个位于角落的洗手间里，找到了孩子。主人问，你怎么能在这里吃东西呀，你知道这是什么地方吗？

孩子答，我妈妈说，这是宴会主人特意为我单独准备的房间，今天的香肠太好吃了，我好久没吃过了，对了，你是谁呀，这么好吃的香肠我可不能一个人吃，你愿意陪我在这里吃这些美食吗？主人强忍泪水点了点头，用最灿烂的笑容面对着孩子，他已经不需要再问什么了。回到宴会大厅，主人对客人们说，很抱歉了朋友们，我现在必须得去陪一位特殊的客人，请大家慢慢享用吧，我不能和你们共进晚餐了。说完，他装了满满两大盘子孩子最爱吃的佳肴，端到洗手间里，他模仿孩子的样子，也把餐盘放到马桶盖上，也坐在地上，然后对孩子说，这么好的一个单间和美食，你一个人独享就可惜了，来，让我们一起吃晚餐。主人和孩子一边吃着东西一边唱歌，也聊了很多话题，客人们发现主人端走两大盘子食物后，再也没回来，觉得蹊跷，也去寻找。

当他们看到两个人坐在地上，围着马桶盖吃东西的场面，受到了震撼。客人们很快把洗手间挤满了，大家给孩子唱了好多好听的歌曲，表达了太多美好的祝愿，这些都让这个孩子确信，他的母亲是最令人尊敬的母亲。很多年后，这个孩子长大成人，他不但拥有了自己的事业，也买下了拥有几间洗手间的大房子。每年，他以匿名方式捐很多钱给穷人，但从不举行捐赠仪式或接受采访，他对始终不理解的朋友们说：我永远忘不了在很多年前的某一天，有人捍卫了我的尊严。

早已不知道母亲的鬓角有多少根白发，已不知道母亲的眼角有多少鱼尾纹，已不知道母亲为我操了多少心，洒了多少汗水，但我只知道母亲把心给了我。过去的我对母亲的爱总是显得不屑一顾，在母亲面前总是很浮躁，母亲对我说的话，我更是充耳不闻。现在长大后把爱父母当成一种责任和义务，更是发自内心地想对他们好。

第　四　章

出版一本有灵魂的书

第一节　书名，是打开书的钥匙

"书板曙怀蒸，名岳标形胜。的的当歌扇，艺植老丘园。术浅功难就，生豪业嗜酒。"自拟藏头诗一首，读起来并不顺口，让人食之无味，弃之可惜，如果仅将其放置"高台"必不会有人观赏，但假如作者将其署上《浣溪沙》的名字，欣赏之人则会络绎不绝，且品味诗中真意。这也能看出来好名字的重要性。图书亦是如此，书名如衣服，好看的衣服谁都会多欣赏几眼，并且将其买回家，书名也一样。书名是你给读者的第一印象，一个好的书名不仅能给人留下深刻的印象，并且能成为日后点击量增加的关键因素。图书的核心的构成成分：书名、简介、前几章（文笔，剧情等），书名是构成一本书是否吸引继续观看的第一要素，任何时侯任何时刻，它都是读者的第一视角、第一感官，因此显得尤为重要。

有人说，内容才是最重要的，书名再好，内容一般也得不到读者的心。这句话对一半。金钱不是万能的，没有钱却是万万不能的。同理：光靠一个好的书名想成为好书是不可能的，但没有一个好的书名，内容再好，它的影响力也始终无法扩展到最大化。书名的重要性＝吸引力的多与少。书名不够吸引，致使很多人直接一眼掠过，没有足够的魅力吸引读者去点击阅读。

最近听了一个著名培训人的演讲，其中讲到关于图书营销方面的一些知识，比如一本畅销书，首先要有一个好标题，这个好标题不仅要"抓眼"，更要"抓心"。标题是敲门砖，是吸引读者关注图书进而阅读图书的钥匙，当然，图书的内容好坏才是读者真正关注的部分。曾经有业内人士调查发现，当前每天有700余种新书上架，可见读者想从茫茫书海中找到真正适合自己的好书是何其困难！

一个好书名，好比一个人的名字一样重要。心理学家研究认为，名字间微妙关联足以影响我们一生。人名如此，书名对于某部书来说，也同样重要。

"出版既是内容创意也是营销流通，所以书定须兼顾创作导向和营销导向，而书名也是这两种特质的结合，既要提供出版者对内容的理解、读者对内容的第一认识，更要提供出版者出版这本书、读者阅读这本书的理由。没有营销的意识就不要做出版者了，因为没有售卖就没有出版现金流转，更谈不上出版的基业长青。"

营销就像一场大好戏在帷幕未拉开之前的策划、排练，应该是在选题阶段甚至创意阶段就存在的，营销的效果、图书的畅销只不过是这些幕后辛苦的结果罢了。而书名应该是这个策划的重要部分，因为对读者来说，就像想起一个人的外号一样，书名是一个最直接、最简单、最有效的认知方式，书名会透露书的内容，激活读者的想象，唤起读者的阅读欲望，建立读者对书的预期。

书名是如此重要。那书名的依据是什么？第一段，书名包含的两个要素：一是出版者对内容的理解、读者对内容的认识；二是出版者出版这本书、读者阅读这本书的理由。即创作导向和营销导向。实际中，大多数出版人往往注重创作导向，而忽略营销导向。我认为，好的书名有这么几个因素：书名里最好有动词，书名里最好有悬念，书名最好有现场感。不会说话的书名不是好书名，利用品牌寄生原理为书名服务。如《鬼吹灯》有动词；《邮差只按三次铃》有悬念，这两个书名同时也有现场感。

这是从出版角度出发。从单纯营销角度出发，产品名的本质是传播成本。可口可乐，这个名字大家如今已是耳熟能详。可在刚进入中国之时，取名"蝌蚪啃蜡"。这个名字的销量，大家可以想象。实在是不得已，可口可乐公司负责海外业务的出口公司，悬赏350英镑征求译名。一位在英国的中国教授以"可口可乐"四字摘得奖金。可口可乐在中国的巨大销量，同名字不能说没有关系。

书名本质是为了降低描述和传播成本。所以，书名需要具体化，引发人联想，提供画面感。在语言上，平仄对称，不存在生僻字、难懂、难发音的字。心理学研究表明：人们更喜欢容易发音，流畅度高的名字和词组。同样，押韵的语句，也更有说服力。正所谓朗朗上口是也。名字的简洁对传播的作用十分重要。心理学家，分别挑选了条件相当的股票名字。结果发现，名字简洁、易发音、易记的股票名称更容易赢得好感。

引用著名心理学家西奥迪尼《说服力》中一段话："不要低估了简洁的影响力。即便是名字上的简洁，也能有意想不到的收获。然而，人们常常只看重事物本身的影响力，忽略了名称的重要性。要知道，名称可是你们最先接触到的信息。"

有本书书名叫《巴黎没有摩天轮》，在当当和卓越上表现很抢眼。这本书刚一出版就一直停留在畅销榜前十。笔者对这本书的突然走红感到奇怪，问一个做出版的朋友。朋友问，这本书跟巴黎有关吗，我从简介上得到的信息是基本上无关。朋友说，我觉得叫北京没有摩天轮可能更好，这个名字的书，除非写得超级好，要不然很快就会过去。人们很容易通过现象去认识事物，你所看到的很有可能是营销的假象。

好的书名，能吸引人注意，让人一下记住，方便传播。同时鼓动和诱惑消费者，为消费者提供购买理由。这些好的书名有：《藏地密码》《求医不如求己》《不生病的智慧》《细节决定成败》等。一个好的书名，是成功策划的开始。从今天开始，我将会把我对图书出版、营销的一些思考写下来，同大家分享。内容会涉及书名、封面设计、推荐、书签等图书细小部分，也会涉及搜索引擎营销、各媒体营销、社区营销等诸多领域。

那么，怎样取一个好的书名呢？

1. 简洁朴实，突出特色

书名是书籍的眼睛，它不仅仅是图书的标识，而且集中体现了图书的主要内容、市场定位和特色等。一个好的书名应简洁、准确地体现书籍的主体内容，能把这些内容含蓄、生动地传递给读者；同时，书名还应该体现书籍的特色（或卖点），使读者产生心理共通，从而使读者产生购买欲望。大凡古今中外的传世之作，其书名都有这样的特点，读者翻一翻我国的古典名著和世界著名大家的作品便知，当代的如《狼图腾》《细节决定成败》《求医不如求己》等许多畅销书，其书名简短、字字珠玑、铿锵有力、特色鲜明。

2. 增强创意，避免盲从

作为图书卖点的集中体现，书名的设计一定要突破习惯型思维定式和从众型思维定式，运用科学发展观，采用发散思维、收敛思维、逻辑思维等多种思维方式和技巧，使书名具有适度的创新性。一些出版社在书名策划中，缺乏观念创新，一味地跟风和刻意模仿，产生了一些负面效应。如 1996 年 8 月，畅销书《中国可以说不》出版后，一时间，以《中国还可以说不》《中国再可以说不》为名的书籍风起云涌，然而内容却大同小异，充斥了社科类图书的出版市场，这些书市场反应平平，没有创造出应有的社会效益和经济效益。

3. 格调高雅，避免媚俗

某位编辑曾经说起："书名不坏，书商不卖，读者不爱"，这并不是偶然现象。君不见，如今的图书市场诸如《丰乳肥臀》《妻妾成群》《祝你恋爱成功的千古秘诀》《人生预测》……露骨的书名招摇过市，跳眼的词语泛滥成灾，在博得读者眼球的同时，也亵渎着书香天地！书名的策划一味地迎合极少数读者的低级趣味，哗众取宠，片面地追求视觉冲击力，最终会被大众所摈弃。

4. 时代感强，反映时尚

我们就生活在一个时尚的时代，不同的时代有不同的流行元素。流行与时尚是一种大众传播文化，反映人类共同的价值取向和心理趋向。如目前政治、经济、军事、科技方面的热点集中反映在宣传对外开放 40 周年的成就里，还有理财热、反映我党我军建设与发展、数字技术、基因技术等的热点；个人生活中的热点如望子成龙的教育心态、怀旧心态、高压下的发展的心态、浮华躁动的心态……这些都是当今社会的流行元素，故书名的策划应融入时代元素，务必紧跟时尚潮流，这样才能体现出时代特色，反映特定时代的特定元素。

5. 要有一定的亲和力

具体表现在两个方面：一方面，书名所体现的文化内涵应有一定的亲和力。如《相约健康社区行》丛书在不到两年的时间内发行了数十万套，并被评为 2007 年度全行业优秀畅销书。"相约健康"生动体现了知名医学专家邀您共同探讨健康知识，目的在于普及健康文化的理念，该书名遂引起了读者的强烈共鸣，激发了人们渴求健康的心理需求，引发了旷日持久的图书"相约健康"热。由此可见，书名中宣扬的健康文化起到了较大的作用，类似的还有快餐文化、网络文化、旅游文化等。另一方面，书名的结构设计也应有一定的亲和力。我们知道，图书名的设计可选择第一、第二、第三人称和无人称。其中最让人感到亲切的应是第一和第二人称。如《谁动了我的奶酪》《我为歌狂》《我的野蛮女友》《我把青春献给你》《有了快感你就喊》等，此类畅销书的书名就是因为恰当地使用了第一或第二人称而让人印象深刻，难以忘怀。

综上所述，书名策划在图书策划的整个过程中具有极其重要的地位。我们要深刻把握书籍的内涵，明确书籍的定位，这样才能为书籍起一个准确、恰当的书名。

第二节　目录是一本书的指明灯

　　目录是目和录的合称。目指篇名，即书的篇或卷的名称；录指叙录，即书的内容、作者事迹、一书的评价、校勘经过等的简要文字说明。不管是在古代，还是现代，目录在个人读书和治学上能起到很大作用。在阐述目录对读书、治学的作用前，我们须先对目录和目录学这两个不同的概念加以区分。

　　目录一词，最早见于《七略》："《尚书》有青丝编目录。"这里的"目录"指《尚书》一书的目录而言；西汉刘向校书时的"条其篇目""录而奏之"又"别集众录、谓之《别录》"，是指从编次一书目录到群书目录的全过程，这里的录是包括目在内的简称。《汉书·叙传》有："爰著目录，略叙洪烈，述艺文志第十。"这里的"目录"则是专指群书目录而言。目录的定义有多种，作为抽象的目录，它的定义需从理论上加以概括。其中，较有权威性的目录定义出自武汉大学、北京大学合编的《目录学概论》一书："目录是著录一批相关的文献，并按照一定的次序编排而成的一种揭示与报道文献的工具。"

作为抽象的目录，目录主要有两个作用：一是揭示文献，包括揭示文献的外在特征，人们通过任何一种目录都可以了解到某些文献的线索和情报。二是报道文献，人们接触到的任何目录都起着报道一定范围文献的作用。目录的具体作用则主要有以下五个：其一，"辨章学术，考镜源流"，即通过目录明学术之流别，述学术之渊源。其二，"检索"作用，人们可根据不同书目类别，检索不同的文献。其三，反映一定历史时期科学文化的发展概况。通过历代的艺文志、经籍志、官修书目、私藏书目和近现代陆续编制的各种古籍弓目这些目录，可以了解和掌握各个历史时期文献的著述、收藏、流传、存佚等状况。其四，目录是打开人类知识宝库的钥匙，其最基本的社会职能就是为读者提供文献的信息，而科学研究的最大特点是它的连续性和继承性。所以，人们称目录是"泛舟书海的向导，科学研究的指南"。其五，目录是图书馆开展各项活动必不可少的工具，图书馆是目录运用最广泛的一个地方。

张之洞在《书目答问·略例》中也着重强调了书目指引读书门径的重要作用："读书不知要领，劳而无功。知某书宜读而不得精校精注本，事倍功半。今为分别条流，慎择约举，视其性之所近，各就其部求之。又于其中详分子目，以便类求。一类之中，复以义例相近者使相比附，再叙时代，令其门径秩然，缓急易见。凡所著录，并是要典雅记，各适其用，总期令初学者易买易读，不致迷惘眩惑而已。"

可见目录对于人们的读书和做学问是如此重要。我国典籍，卷帙浩繁，种类甚多。要想对某一学问进行研究，每个初学者都会遇到以下这些问题：需要读哪些书、先读哪些、后读哪些、哪些书细读、哪些书泛读等。倘若不得其门，则终身无得。目录学萌芽于先秦，开创于汉代，到清乾隆时代，始为显学，更为学术界所重视，不仅因为其是研究目录形成和发展一般规律的科学，还因为其研究的重要内容——目录，是一门读书治学入门的学问。

梁启超9岁时到广州应童子试，名落孙山，第二年他读了张之洞的《书目答问》，找出门径。第三年，年仅11岁的梁启超再次到广州进行院试，便考中了秀才。后来梁启超又拜康有为为师，进一步学习目录学，研究文史，成为中外闻名的学者。牟润孙在回忆其师陈垣治学的路径时，亦论及目录之学：先师自言少年治学并未得到什么大师指引，只是由《书目答问》入手，自《书目答问》而《四库提要》，以此为阶梯而去读他所要读的书。1926年5月，当吴宓在他的书斋里见到这些从藏书楼抄录的基督教传教士著评的亚里士多德《名理探》《寰有诠》时，大为惊喜，于是商之公教大学辅仁社，影印几百部以传世。1961年3月，叶恭绰预治浩如烟海的《道藏》，向陈垣请赐指南。陈垣就告以"《道藏》入门书未见有很佳者，唯明白云霁《道藏目录详注》四卷尚可一阅"。季羡林在《从学习笔记本看陈寅恪的治学范围和途径》一文中，亦有类似的论说："中国清代的朴学大师们以及近代的西方学者，研究学问都从书目开始，也以此来教学生。寅恪先生也不例外。他非常重视书目，在他的笔记本中，我发现了大量的书目。比如笔记本八第二本中有中亚书目一百七十种，西藏书目二百种。此外，在好多笔记本中都抄有书目。从二十年代的水平来看，这些书目可以说非常完全了。就是到今天，它仍然有参考价值。"

以上的例子无不表明，目录对于读书、治学的重大作用。懂得目录之学，不仅可以使我们对不同门类的书目有系统的了解，读自己喜欢读的书，拓展自己喜欢的书目的范围、钻研自己的研究领域；还有助于我们从整体上把握某一学科或某一领域人们已研究出来的具体成果，以及可往哪些点或面进行深入探究或者推翻前人的某些观点或看法；在做学问上，还时刻提醒我们，应该严谨、细心、不怕吃苦。

从历史发展来看，目录学是一门不断适应实践需要而发展的学科。在以"辨章学术、考镜源流"为核心思想的中国古典目录学的基础上，融入以图书描述为主、方便检索的西方目录学思想，直至近年吸收书目控制理论和信息技术而逐渐发展成为现代目录学，目录学在科学研究和读书治学方面起着重要的指引作用。在信息化和网络化的时代，信息资源管理环境发生了很大变化，目录学要继续发挥"导航"作用，就得研究新的学科基点，这一基点就是书目情报，这是解决日益增长的文献与人们对它的特定需要之间的现实矛盾所要进一步开拓和深化的一个研究领域。

出书亦是如此，一个好的图书目录，能够在书名的基础上使浏览者耳目一新，一些图书，读者浏览一遍目录就知道接下去该讲什么，也就失去了读下去的兴趣。而好的目录则是引人入胜，让读者渴望深度地剖析每句话的用意，每章节想要表达的内容。

第三节　创作内容的艺术性

企业出版传记的目的无非是为了宣传自身与企业的价值观，完成自我价值的实现。这也就需要出版作品具有商业性，不是我们自己认为多好，而是要看读者有什么反应。这其实是经济学的一部分，作者如果对此有所了解看起本书来会更有收获。

不知道你平时有没有关注起点排行榜的情况，如果想要了解市场走向的话最好养成这个习惯。现在排行榜暂时还没有太大的参考价值，上面长年盘踞着起点过去的一些大、中、小神，大家想了解商业化写作及市场走向的话可以重点关注下起点的点推收榜和月票榜。

进行市场分析、成功案例分析是很有必要的，如果真有心要当个成功的网络作者，起码这方面的资料自己也应该收集并分析一下吧？"纸上得来终觉浅，绝知此事要躬行。"很简单，平时看书时顺便看看排行榜上的书就行了。

不过虽然说商业化很重要，但其实笔者认为最好不要盲目地追新追热。下面说说不跟风的情况下，要注意作品的商业性应该注意哪方面。

现在网络读者阅读小说的目的不是为了当作什么精神食粮来受教育的，所以娱乐性才是最主要的。这点大家虽然很清楚，自己写好之后也觉得很有意思，但有不少读者并不买账，这其实就是方法的问题。有的人的确想到的点子挺有意思，但写出来就没意思了，有的人是想到的点子只有少数人觉得有意思。前者建议加强写作基本功的锻炼，后者则是要找好市场定位。

加强写作基本功这个是个慢工夫，如果之前就接受过写作培训或者经常通过书本吸收间接写作经验就再好不过了。锻炼写作基本功不是非要让你写得文辞优美，但起码要做到能将你心中所想的正确表达出来。这点大家可以好好回想一下自己写作的时候会不会经常有话，但又写不出来或写出来的感觉不像想象的那样。如果有这种情况，就意味着你要加强基本功了。

至于找好市场定位这方面大家就应该根据自己的特点和这部分读者的特点来思考了。在按照自己的写作特点来决定写什么作品之后，为了商业性考虑我们就要从另一方面——读者的阅读特点来考虑怎么能让市场需求更好地得到满足。

这方面要怎么分析，最简单的办法就是换位思考。把自己当作读者来琢磨什么书自己有兴趣，怎么样的故事自己会高兴。而网络作者比起传统的畅销书作者更有优势的是不但可以自己分析，还可以直接询问读者的意见，与市场交流更频繁。商业化写作本质是抓住人类的某种心理。这里我建议大家可以参考一下理论心理学、行为心理学之类的心理学著作。

编辑新书的时候主要是看你的构思有没有亮点、热点，能不能火起来。所以新书的主线脉络要想清楚，开头把亮点热点都体现出来，伏笔该埋的埋，矛盾斗争该体现的体现，有个三五章基本也就够了。要突出一部分重点内容，这相当重要。尤其是要在开头有限的字数中交代好开头的同时突出这些个重点内容，这需要好好琢磨。

你先要对自己的作品有个认识。你要想想我这个作品的亮点是什么，这样才能突出重点。想要在开头三五章就引人入胜太难，或者说基本上是不可能的。除非你特别精雕细琢。

写作，理论上没有顺便写的字，每一个字都要为你的写作意图来服务。当然现代文学要求不那么严格，但也必需要以写作意图为中心来写。

有了亮点、围绕亮点来写，这样就会避免作品变成肥皂剧。开头关键的字数都用来突出亮点，就可以避免新人经常犯的一个错误：总觉得一切都要在开始的时候全告诉读者。后果是什么呢？就是大部分人会在简介中做个"本书慢热……"的解释。而不少读者看完开头三五章，最多看个三五万字之后，是不听你解释的。所以开头重要的是先让人产生兴趣，而不是直接想着引人入胜。后面的文字则要留住被吸引的过客，使他们转化成你的固定读者。

引人入胜靠的是跌宕起伏的剧情。常用的方法是给剧情背景设定一个反差感。可以是理想与现实的反差感，个体与群体的反差感，期待与收获的反差感，也可以是一些其他强烈的对比。这种方法本质上是通过剧情进行中的巨大落差刺激读者情绪，被刺激的情绪更容易被语言调动起来也更容易产生波动，而这种波动会产生移情作用，从而使读者注意力向这里集中，不自觉地将自己代入主角环境和心态中，感同身受，从而产生共鸣。

情绪刺激，其典型方法就是落差，但这不是唯一的方法。落差常用的自然就是对比，这个方法很容易。说白了就是不管你让读者看了后哭也好，笑也好，都行。就怕读者平淡地看了几章不动心。这点与一条有名的恋爱理论大抵相同：不怕对方爱你也不怕对方恨你，就怕对方根本无视你。

另外一个情绪刺激的典型方法是熟悉感，这个就要看你写的如何了，有的人写得很泛泛不说还会出现一两个漏洞之类的，就无法给人熟悉感。而基于熟悉感来影响心理的这种方法，其实根源是人类对安全感的需要，而安全感的需要来自于生存本能。

对于消费者心理把握独到的不是别的行业，正是我们网民都很熟悉的道具收费游戏。一个成功的道具收费游戏正是利用各种方法刺激消费者的心理提高其消费欲望来赚钱的，不知道的人看来却大呼其拥有魔力。据说某著名道具收费网游甚至有这样一个专业团队来分析消费者的心理特点以找到最佳经营模式。

现在的读者见识广博，不要怕你给的刺激过了读者接受不了，你只要愁怎么将这个刺激带来的情绪波动引导到你需要的方向上去。别引火烧身甚至是玩火自焚就行了。

这里就体现出我说的不要盲目跟风、追热点的重要性了。有些作者不光追热点，还根据网络小说的典型套路来写，本来开头还有些亮点，过了三五章亮点竟然不见了，再过了三五章就进入了肥皂剧时间。

你想想，你写的东西让读者产生出"竟然如此"的反应和"本来如此"的反应哪个更能刺激读者情绪？不要光看到成功的模式，如果你真想按照这个模式走，你要看看当红图书的作者具体是怎么做的。

你的角色性格要明显。这个明显不是你设定的鲜明个性，而是通过你的语言表现出来的，让读者体会到的这个角色明显的性格。这里就是技巧问题了，一般没别的好办法的话就可以采用漫画技巧：采用某性格类型的典型特征，甚至是夸张特征先将人物塑造成在读者头脑中默认的典型形象，然后在后面的故事中再通过更详细的描写让读者进一步了解该角色于共性中的个性。

　　如果你想在作品中写出些有意思的段子，那么你的桥段就要认真地去琢磨。像金庸为了写好韦小宝一句经典台词或者拍下脑袋就能想出的绝妙主意都要琢磨十几天呢，你觉得你当时唰唰写出来的自己感觉有意思的段子读者看了都会觉得有意思吗？很多时候我回头再看之前写得有趣的剧情，我自己都觉得这个其实不是那么有趣啊。

　　而如果感觉你这故事越写越"正常"，这不好，太正常了也就没有看头了，你的作品就又向着肥皂剧的深渊滑落了几米。同样的桥段你也得动动脑变着花样来。

　　写书的时候要代入感情，这样比费劲想感人的话更方便有效，但是作为读者看书的时候谁会从一开始就代入感情呢？往往有不少人修改自己的书却没什么好的效果就是因为写作时代入了感情。身在此山中，自然看不清哪里不好，更不能客观分析出来读者的想法了。

　　这方面我建议不能客观反省的人最好多写点，留些稿子。如果你留下半个月的稿子，每次上传章节修改时看的都是自己半个月之前写的东西，这修改就比较有效果了。

　　事实上凡是受欢迎的作品，都把握好了商业性。而这种消费者的心理，尤其是人类关于快乐、审美的心理几乎没有太大不同。特别是在同一文化背景之下。你看书也好，看动漫也好，笑（哭）的时候想下，这段我为什么会笑（哭），我如果要把它变成文字应该怎么写。这也是日常对写作基本功的一个锻炼。习惯了写作的时候自然点子也多写得也顺溜。

最后给出个需要参考的书籍资料的建议：哲学和心理学、经济学是重点参考对象，写作方法和技巧是基础掌握对象，各个学科是广泛了解对象，写作时需要用的学科是选择参考对象。这些知识如果有在学校好好学习所有学科的话，实际上只需要特别注意某些高深或专业的学科就可以了。

第四节　畅销书的多样性

在一个时代，或者说时间段，非常受欢迎的书就是畅销书。畅销书的特点是符合当时人的阅读口味，引起人们的阅读兴趣。近年来，由于众多出版社的参与和角逐，在国内的图书市场涌现出了一大批引人瞩目的畅销书。在这些畅销书热卖的背后，是谁在策划和出版？一本畅销书是怎样"炼"成的？

其实，目前市场上的畅销书实质分为两种。一种是普通畅销书；一种是超级畅销书。普通畅销书可能是在前十名里面，超级畅销书是一直排在排行榜的前三名。而一本图书要成为畅销书，关键是要具备四个基本要素：第一是作品的内在品质；第二是文字风格；第三是符合市场的阅读趋势；第四是可操作性。对于普通畅销书来说，四个条件中符合一个条件就有可能成为畅销书，但是超级畅销书一定要符合这四个因素。

要做一本超级畅销书，最先要明确的就是这本书会拥有一个具有吸引力的名字。这首先是图书购买理由的开发，读者为什么要买这本书，在出版之前必须清晰地回答这个问题。其次，是如何帮助读者理解你所卖的图书，也就是说书名对图书来说至关重要，如何将有力的关键词植入到书名中去，是思考的第一步。书名必须直接体现阅读价值。要用最快的速度向读者介绍这是一本什么样的书，要知道，一本图书摆在书店的书架上，它与大多数读者接触的机会只有1~2秒钟，距离为2~3米，如果一本书的封面不能迅速引起读者的兴趣，那么，90%的读者会立刻将视线从这部书移开。

书名已定，接下来，就是构思封面。一定要在书名一目了然的前提下，通过封面色彩和读者快速沟通！最简单的方法是使用和竞争对手相反的颜色，就像可口可乐用了红色，百事可乐就用蓝色。不管是一部本土原创小说的封面，还是一张地方都市报的头版，或者一家商店的招牌，设计的第一要义是差异化，是要从眼花缭乱的书架、报摊、街道中跳出来，让读者或行人，第一眼就能看到你。在封面设计时，除了大体方向要把握住以外，细节的处理也非常的重要，强调这些细节的设计，是因为当读者注意到这些细节时，正在考虑要不要把这本书从书架上拿起来，所有的设计，都在鼓励他不妨拿起来翻翻。

在最短的时间内通过表达图书内容的书名锁定目标读者群，在最短的时间内通过封面的色彩和细节吸引读者，这已经是成功售出一本书的开头。而书名和封面，只是吸引读者注意，真正让读者为之掏钱的，是向读者快速传达本书的阅读价值，解决"我为什么要买这本书来读？"的问题。文案（内容简介），不是把作者或者编辑心里的话说给购买者听，而是把购买者的心里话说给购买者听。

一部刚写完的作品，还算不上成熟的产品，在将它推向市场前必须精心打磨，有时还需要作者配合修改，这就是"产品再开发"——任何一本书都要经历一段产品再开发期：封面要出几十个版本，细节要经过反复推敲，反复对比后再作抉择，内容也要不断进行细致的修改。

下面以冯小刚的自传《我把青春献给你》为例，来讲畅销书的操作。

第一，选题时就要考虑营销，结合市场把握内容的删改，进行精彩文字的提炼，找出市场期待的闪光点。尽管冯小刚的文字能力很好，但是编辑一定要有自己的思路和自己的想法，在图书内容上按市场需求进行提炼。要将书中许多具有幽默、诙谐、深情、时尚的语句提炼出来，专门设立了妙语栏，昭示读者，增加可读性，这样对读者进行提示，调动他们的购买欲望。

第二，操作畅销书，要把出版每个环节上的畅销元素安排到位。比如内容介绍、标题、版式、封面、图片、排序、价格、宣传推广、市场计划等，把每个环节的畅销元素做好了，图书也就变成畅销书了。

《我把青春献给你》一书，在封面上用了比较时尚的设计方案，既新奇又大方，很吸引人，虽然工艺复杂，但定价不贵，文中又设立了精彩语言的妙语栏，版式设计活泼，阅读方便，标题提炼得有时代感。宣传发行上，提前为各地发行商联系了当地媒体，进行连载，市场反馈效果很好，代理商很有信心。还采取了一些其他措施保证市场的销售。所有这些工作扎实地做好了，后期的市场就有了保证。

因为，读者买书，很可能就是因为中意的封面、最精彩的几段话、一串动人的标题把他打动了，他就决定购买了。很多细小的元素，都可能成为图书销售的决定因素。

第三，要提前调动市场、调动读者，营造市场需求。根据不同书的特点，对宣传工作的程序做不同的安排。比如，刚刚推出的作品，在市场还没有形成口碑的时候，就要求签售，其结果对作者、对读者、对书店来讲会很尴尬，这样不但达不到目的，反而会造成负面影响。

第四，要调动代理商的积极性，适当给代理商加压。要让经营人员主动配合，要求出版单位的经营人员，把书的内容和营销方式介绍给代理商。

同时，也要求代理商对整体的宣传、操作和数量安排、市场潜在的销量等提出建议。比如在操作这本书时，专门针对可能是难点的地区，可以通过媒体反复做工作。出版社安排畅销书在各地的市场销售架构，确定与代理商的合作方式，要求代理商联系地方媒体配合宣传，并承担一定销售数量的压力是很有必要的。在长期的经营中，为各地的代理商提供前期后期的种种服务，保证他们的利益，提出的合理要求他们自然也能接受，如此一来，就形成了合力推动销售的局面。

第五，针对不同图书情况，安排后期营销活动。要根据图书的内容、销售的需要，安排卖场活动，重要的是时机的把握和地点的把握。比如在有些地方，图书的影响和销售已经很好了，这时候去搞活动，目的是什么，是进一步扩大影响，还是为密切与代理商的关系，这就决定了具体的操作形式，以及达成目的的标准。目的明确了，效果就可以明晰了。

那么目前在网络非常发达的现代社会，要该如何利用强大的网络资源来进行图书的营销呢？

在没有媒体的时代，最初的、最古老的营销方式就是口碑传播，这种营销方式在中国广大的城乡地域，至今仍然是不错的营销方法。而网络，让口碑营销这种方式，得以在交流不便的城市实行。即使相隔千里，你的信息也能像通话一样迅速地出现在大众面前。

以现在最流行的微博为例来说明一下图书的微营销手法：

第一，图书本身。利用微博中的分享功能，进行内容本身的宣传，让大家对书籍有一些基本的认识。如今流行的盛大文学，即是以免费加 VIP 的形式推广盈利。

第二，权威书评人。一篇精彩的书评，可以让读者产生阅读书籍本身的欲望，而权威书评人的推荐，主要针对那些控制力极强的读者，会在很大程度上直接推动一本书的销售。

第三，民间书评人。并不是所有人都买权威书评人的账，所以，民间的但并不知名的书评人士，是不可缺少的。

第四，草根书评人。或许，这部分人已经不能称为书评人，因为它们本身就是读者，在阅读完一些好书后，会很愿意分享自己的好书给朋友。而利用他们的口碑，制造长期有效的长尾销售成为可能。

第五，作者。知名作家本身就是一个营销的对象，而利用微博本身的及时功能，迅速传达书籍的进展情况，在一定程度上很能够调动读者的胃口，从而造成读者的期待心理。另外微博本身也可以成为作者向关注者发布签名售书的工具，这样的传播更具有针对性与精准性。

第六，出版社。出版社要持续不对地对作者进行包装，不时地以微博形式发送图书、作者的相关信息，同时注意不能使读者产生审美疲劳。

当然，一本图书的营销，绝非如此简单，这里只是抛砖引玉地初探几种方法，具体地打造一本畅销书，它要根据书籍的特性以及作者的情况量身定做，有效的组合各种传播手段，形成具有轰炸效果的精准营销。

第 五 章

出书前一系列的准备

第一节 多读书做到"胸中有墨"

书中自有颜如玉，书中自有黄金屋。读书，则是对自身情操、知识的积累，只有多读书、读好书、好读书，才能在自身写作时"下笔如有神"。基于此，要想出本畅销书，让更多的人了解自己，就需要充分地做好前提准备，其中最为重要的就是"胸中有墨"。

读书知识多。爱读书的人，往往两个地方是多见的：一是在图书馆，二是在书店。多读书的人，拥有的知识也同样的多。"知识就是力量"这是一位伟人曾讲过的。多读书，多有知识，同时就有力量、财富。在这个知识竞争激烈的时代，没有文化绝对是不行的。知识的卓越也将为个人带来意想不到的收入。

读书乐趣多。翻开一本《格林童话》，就像是让你走进了一个美丽的童话世界中，有着惊险刺激的场面，有着幸福美满的场面，有着……总之，一个个都是身临其境。有的时候，我会为悲惨的情节而流泪，也会为坏蛋们得到应有的惩罚而大快人心。读书让我感受到了许多的情感，使我时不时地情绪化，给了我丰富的感情。

古人云："书中自有黄金屋，书中自有颜如玉。"可见，古人对读书的情有独钟。其实，对于任何人而言，读书最大的好处在于：它让求知的人从中获知，让无知的人变得有知。读史蒂芬·霍金的《时间简史》和《果壳中的宇宙》，畅游在粒子、生命和星体的处境中，感受智慧的光泽，犹如攀登高山一样，瞬间眼前呈现出仿佛九叠画屏般的开阔视野。于是，便像李白在诗中所写到的"庐山秀出南斗旁，屏风九叠云锦张，影落明湖青黛光"。

对于坎坷曲折的人生道路而言，读书便是最佳的润滑剂。面对苦难，我们苦闷、彷徨、悲伤、绝望，甚至我们低下了曾经高贵骄傲的头。然而我们可否想到过书籍可以给予我们希望和勇气，将慰藉缓缓注入我们干枯的心田，使黑暗的天空再现光芒，读罗曼·罗兰创作，傅雷先生翻译的《名人传》，让我们从伟人的生涯中汲取生存的力量和战斗的勇气，更让我们明白：唯有真实的苦难，才能驱除罗曼蒂克式幻想的苦难；唯有克服苦难的悲剧，才能帮助我们担当起命运的磨难。读海伦·凯勒一个个真实而感人肺腑的故事，感受遭受不济命运的人所具备的自强不息和从容豁达，从而让我们在并非一帆风顺的人生道路上越走越勇，做命运真正的主宰者。在书籍的带领下，我们不断磨炼自己的意志，而我们的心灵也将渐渐充实成熟。

读书能够荡涤浮躁的尘埃污秽，过滤出一股沁人心脾的灵新之气，甚至还可以营造出一种超凡脱俗的娴静氛围。读陶渊明的《饮酒》诗，体会"结庐在人境，而无车马喧"那种置身闹市却人静如深潭的境界，感悟作者高深、清高背后所具有的定力和毅力；读世界经典名著《巴黎圣母院》，让我们看到如此丑陋的卡西莫多却能够拥有善良美丽的心灵、淳朴真诚的品质、平静从容的气质和不卑不亢的风度，他的内心在时间的见证下折射出耀人的光彩，使我们在寻觅美的真谛的同时去追求心灵的高尚与纯洁。读王蒙的《宽容的哲学》、林语堂的《生活的艺术》以及古人流传于世的名言警句，这些都能使我们拥有诚实舍弃虚伪，拥有充实舍弃空虚，拥有踏实舍弃浮躁，平静而坦然地度过每一个晨曦、每一个黄昏。

读万卷书，行万里路！

俗话说"打铁还靠自身硬"。现在是知识经济时代，学习实在是一种有百利而无一害的事啊，当然是在坚持适度原则的前提下。在这年代，读书就是一种时尚，它能帮你找到工作和拥有家庭。

教育（读书）是社会流动性的一个渠道，就是说可以从一个阶级跳到其他阶级。读书能改变自己的命运安排。

牛顿1642年出生在英国一个普通农民的家里。在牛顿出生前不久，他的父亲就去世了。母亲在他两岁那年改嫁了。当牛顿14岁的时候，他的继父不幸故去了，母亲回到家乡，牛顿被迫休学回家，帮助母亲种田过日子。母亲想培养他独立谋生，要他经营农产品的买卖。

一个勤奋好学的孩子多么不愿意离开心爱的学校啊！他伤心地哭闹了几次，母亲始终没有回心转意，牛顿最后只得违心地按母亲的意愿去学习经商。每天一早，他跟一个老仆人到十几里外的大镇子去做买卖。牛顿非常不喜欢经商，把一切事务都交托老仆人经办，自己却偷偷跑到一个地方去读书。

时光渐渐流逝，牛顿越发对经商感到厌恶，心里所喜欢的只是读书。后来，牛顿索性不去镇里营商了，仅嘱托老仆人独去。怕家里人发觉，他每天与老仆人一同出去，到半路停下，在一个篱笆下读书。每当下午老仆人归来时，再一同回家。

这样，日复一日，篱笆下的读书生活倒也其乐无穷。一天，他正在篱笆下兴致勃勃地读书，赶巧被过路的舅舅看见。舅舅一看这个情景，很是生气，大声责骂他不务正业，把牛顿的书抢了过来。舅舅一看他所读的是数学书，上面画着种种记号，心里受到感动。舅舅一把抱住牛顿，激动地说："孩子，就按你的志向发展吧，你的正道应该是读书。"

回到家里后，舅舅竭力劝说牛顿的母亲，让牛顿弃商就学。在舅舅的帮助下，牛顿如愿以偿地复学了。

世界上有许多著名的科学家的家境是清贫的。他们在通往成功的道路上，都曾与困苦的境遇作过顽强的斗争。读书学习确实是他们一直在坚持的事。

　　还有热爱文学的高尔基，苏联大文豪，列宁称他是："无产阶级艺术最杰出的代表人物。"高尔基出生在沙俄时代的一个木匠家庭，4 岁丧父，寄养在外祖母家。因为家庭极为贫寒，他只读过两年小学。10 岁就走入冷酷的"人间"。他当过学徒、搬运工人、守夜人、面包师。还两度到俄国南方流浪，受尽苦难生活的折磨。但他十分喜欢读书，在任何情况下，他都要利用一切机会扑在书上如饥似渴地读着，为了卖书他受尽了屈辱。爱读书的高尔基小时候家里很穷，没有办法，他只好到一家裁缝店当学徒。在裁缝店里，小高尔基一边干活，一边想方设法读书，老板订了一份《俄罗斯报》，小高尔基就趁老板不在时，偷偷看这份报纸。有一次，小高尔基从邻居家借来一本小说，趁老板晚上睡着以后，在窗边借着月光津津有味地读起来。过了一会儿，月亮躲到了云层后面，小高尔基兴致正浓，怎肯罢手，就点燃一盏小油灯继续看下去。不一会儿，老板醒过来，他看见小高尔基在油灯下如痴如醉地看一本厚厚的书，不由得怒气冲冲地说："看什么看，你把我的灯油都快用没了！"老板娘也醒过来，像一头母狼似地扑上去殴打小高尔基。小高尔基无法忍受下去，他二话不说，头也不回地离开了裁缝店。小高尔基背着行囊来到伏尔加河边，他注视着波光点点的伏尔加河，心里感觉有些悲伤，可是很快他又看到了生活的希望，因为他在一艘轮船上遇到了一位和蔼可亲的胖厨师，并做起了胖厨师的洗碗小伙计。更让小高尔基感到惊喜的是，胖厨师是个书迷，他有满满一箱的书，而且愿意让小高尔基随便读。小高尔基高兴极了，一有空闲时间就如饥似渴地读书，有时还和胖厨师一起讲书中的各种问题。小高尔基一边读书一边思索，从大量的书籍中明白了许多人世间的道理。大量的阅读也为他以后的文学创作提供了丰富的滋养，使他最终成为苏联大文豪。

因为人不是天生就明白很多东西的，但是先人都会给后人留下知识写到书里，我们看了就对这个世界，对自己，对大自然有了更明白的了解。然后我们在前人的基础上继续探索，让人类更好地活着。

世界上没有什么比读书更能回报你的事情了。每本书都有她的精华，舍弃糠糟，吸取精华，你会变得明智聪慧而豁达。如果你有时间有空闲就读书吧！如果你没有时间没有空闲就挤时间挤空闲读书吧！再没有比读书更能让一个人神情淡雅、从容自如的事情了！

第二节　放大创作的精神结构

出版是文化的积淀，也是成功树立企业品牌的秘诀，而"大格局"则是成功的基础与核心，因此，一定要让二者紧密地结合起来。俗话说：格局决定成败。古往今来，凡成大事者，必有大格局。

何为格局？格局既是心理空间，也是精神结构，还是生命容量，更是综合素养。常言道：再大的饼也大不过烙它的锅。对个人来说，如果事业是饼，格局就是烙饼的锅。

一、境界的高度

人的境界有高有低。有的人，自己就是世界，世界就是自己，他们只为自己活着，谋的是一己之私，这种人局限于"自我"的羁绊；有的人，世界就是"圈子"，"圈子"就是世界，他们只为小团体活着，谋的是少数人的利益，这种人跳不出"小我"的束缚；有的人，世界就是他人，他人就是世界，他们为众人而活着，满怀济世为民之志，谋的是大众的利益，这种人达到了"无我"的境界。

可见，格局的核心是"为了谁"，大格局必有大觉悟。

二、胸怀的广度

胸怀的大小可以"量化"。有的人是"坑量"，他们的心胸像水坑一样小，逢水则盈，遇旱则干，心里装不下别人，或者自我封闭，自以为是，老子天下第一，容不下不同意见，或者患得患失，睚眦必报，让别人过得不痛快，自己也活得很辛苦；有的人是"湖量"，他们的心胸虽有一定容量，但局限于某时某地、某人某事，只是有选择地部分开放，盛不下社会的风风雨雨和人生的潮起潮落，做不到宠辱不惊、从容淡定；有的人是"海量"，他们的心胸像大海一样广阔，有兼容并蓄之德、吞天吐地之量，善于汇众人之智、集各方之力，能忍世人难忍之苦，能容天下难容之事，顺境时不张狂，逆境时不失落。

可见，格局的尺度是"装多少"，大格局必有大度量。

三、眼界的宽度

眼界取决于角度。有的人用"直角"，看到的是世界的一个扇面，或者事物的一个侧面；有的人用"广角"，看到的虽非全部，但也精彩；有的人用"全角"，他们眼观六路、耳听八方、通晓古今、视野宏阔，看到的是完整的世界。

可见，格局的前提是"看多宽"，大格局必有大视野。

四、执行的力度

"纸上得来终觉浅，绝知此事要躬行。"境界再高，胸怀再广，眼界再宽，思想再深，最终还得靠执行。有的人，只会"纸上谈兵"，他们夸夸其谈，停留于空想和空谈，到头来总是"空对空"；有的人，习惯于"花拳绣腿"，他们流于形式、得过且过，满足于蜻蜓点水、浮光掠影，工作不深入、落实不到位；有的人，能够"知行合一"，他们务实肯干，有坚定的意志力和超常的执行力，善于以理论指导实践、将思想化为行动，既能察实情、出实招，又会办实事、求实效。

可见，格局的归宿是"干多好"，大格局必有"大手笔"。大格局必定能成就大著作。

第三节　牢记写作的目的

　　企业出书则大多考虑"图书营销"，以此来扩大品牌的影响力、提升企业的声誉、宣传品牌价值观，并对企业的形象进行全面的定位。故此，在出书的过程中，一定要牢记出书的目的，了解出书会带来怎样的好处，进而更好地贴近出书的真相。一般来说，每一个知名公司，都有记载其历程的专属作品《联想风云》《华为总裁任正非》《这个星球不配我死》《海尔品牌之路》……几乎每一个即将发展壮大或知名的大公司、大企业家，都有记载其历程的专属作品。这些作品在铸就企业品牌，扩大企业影响力方面起着不可低估的作用。

　　当然，也许您的企业没有联想、京东这样的知名度，也许您还不是柳传志、牛根生这样富有影响力、具有传奇色彩的企业家。但是，您也同样拥有自己独特的经历和观点，讲述个人经历、表达自我主张是您的自由，也是您的权利。人生三不朽：立功、立德、立言！著书立说一直是中国文化中令人敬佩、光宗耀祖的事情。现在，摆在您面前的一个值得深思的问题，就是到底给子孙后代留下些什么——除了有形资产外，更主要的是无形资产，即企业家及成功人士本人的创业精神。出版企业家传记，把坎坷的创业经历告诉后人，旨在激励后辈继承先人的创业精神，进而给人们留下一笔宝贵的精神财富。

企业家出书，是树立企业标杆地位、提升企业品牌形象的重要手段，可是，我们中国很多的企业常常愿意花费巨额的广告费，却不愿就企业出书进行有益的尝试。实际上，这是一种非常浪费资源的行为。很多世界500强企业在中国人的脑海中如雷贯耳，平日却不见他们投资多少广告。他们的秘诀就在于很好地运用了公关营销的手段，通过媒体、出版等软手段，不做广告而达到了比做广告更好的效果。

企业的发展壮大，需要企业品牌甚至是企业家的个人品牌，中国企业家完全有能力、有资格出版自己的著作。在全球竞争白热化的今天，一个企业要生存和发展，不仅需要产品品牌，更需要企业品牌甚至是企业家的个人品牌，我们提起任正非就会想到华为，提起王传福就会想到比亚迪，很自然地把比尔·盖茨和《未来之路》联想到一起，企业或企业家品牌不仅是打造企业文化的一部分，更有利于提高企业的知名度、社会声望，拓展企业精神、品牌内涵，为企业参与国际品牌竞争争取最大优势。

纵观国际知名企业，其领导人的名字与事迹一样作为品牌，为世人津津乐道。从爱迪生、松下幸之助，到比尔·盖茨、韦尔奇，这些成功者的个人影响力，已经远远超越他所在的企业、国家，甚至一个时代……不管世界潮流如何变化，其品牌的光芒却永远如新。

企业家应该成为企业的形象代言人，企业家应该成为企业的形象代言人！企业领导人是企业的财富，代表着企业的形象，其个人形象的价值需要挖掘、塑造和管理。如果将企业比喻为好莱坞电影，则企业家就如同好莱坞影星。人们对好莱坞电影感兴趣的同时，也对好莱坞影星的生活同样有兴趣。因此，当您在创造商业奇迹的同时——别忘了为企业、企业家树碑立传！因为这是品牌的需要，是时代的潮流！在这个品牌横行的年代，无论是广告轰炸还是媒体炒作，在时间面前都显得越来越苍白无力。而出版一部经得起时间考验的作品，则成为打造企业品牌的最佳选择，这值得企业家认真思考。

小企业做事，中企业做人，大企业做文化，出版图书能有效提升企业文化层次。美国学者通过对本国过去30年经济增长的研究发现，物化资本和技术对经济增长的贡献仅占1/3，其余2/3的贡献归于文化建设。结论是工业时代的企业家主要关注的是经济利益，信息时代的企业家主要关注的应是文化。新经济下的企业是"合作竞争"，只有人文精神渗透到企业管理之中，才能增强整体竞争力。

　　企业需要对过去进行总结，才能更好地走好未来的路，企业家出书还是对企业发展和成果的总结和反思。一个人需要对自己的过去进行总结，才能更好地走好未来的路，对企业来说也是同样的道理。通过对自身实践的总结、提炼甚至反思，再回到实践中去，有利于企业经营者更加清醒、更加自觉，以不断提升企业的发展层次。同时，这对企业的员工也是深刻的启迪和激励，更有利于整个企业的团队建设，对提升企业的文化竞争力能起到关键的作用。

　　我们不是歌功颂德，而是要让企业得到更多人的认可，只要企业书籍的内容客观、有权威性和阅读快感，就能让读者在阅读的过程中忘记其商业目的的存在，无障碍、直接地接收企业信息，并由此对企业产生感情。这显然不是利用广告、公关所能达到的。《联想风云》的作者凌志军表示：写企业的书可能包括两大类，一大类是把企业当成一个历史来写，另外一大类是写他的经营管理的经验。从经营管理来说，目前中国的企业与外国的企业有一定的差距，但是从历史角度来写，因为它具有中国特色，读起来会更有味道，也有更多见解。

　　企业经营者如何白手起家，如何规避市场风险，商战失利之后如何东山再起……在讲述创业故事的过程中融入经营理念，突出经营智慧，展示企业文化，让读者真正从中悟出对自己有用的东西来。唯有如此，方有望让企业传记成为畅销书，让读者在快乐的阅读中，潜移默化地接受企业品牌，真正达到展示企业家风采，提高企业知名度，提升行业影响力，打造企业名片之目的。

第四节　用书塑造当红小生

最近看各种广告时想必大家总会看到那几个当红艺人：吴亦凡、胡歌、张艺兴等，不知道此时大家心中是否会不禁觉得：明星代言这招这么老套，但广告商怎么还是这么爱用呢？原因当然只有一个，观众喜欢嘛！观众虽然不是一群肤浅的动物，但是他们大部分仍然会陷入明星效应当中而不自觉买单。说到明星效应，其实就是将个人品牌转化成经济效应的典型代表。

刚才讨论的对于大家而言可能太遥远，因为一般人可不会有明星那样的名气，要知道如果我有着像以上几位男神级别明星那样的颜值，那我是不需要写这篇文章来供大家参考的。那普通人如何打造个人品牌，又如何将个人品牌转化成经济效益呢？大家对于品牌应该知道是怎么一回事，简单地套用到一个人身上的时候，"个人品牌是指某人被相关者持有的较一致的印象或口碑"。成功的个人品牌有三个基本特征：一是独特性，即具有自己的观点；二是相关性，能够与他人认为重要的东西联系起来；三是一致性，和人们所观察到的行为具有某种一致性。笔者最终总结为两个字：粉丝。让我下面详细说一下吧。

一、如何打造个人品牌之"点"

打造个人品牌，首先，你要有吸引粉丝的"点"。你可以是一个普通人，但如果你是一个中庸的人，那么你能够要求谁来关注你？那么问题来了，当你就是一个普通人，你的"点"在哪里？其实，每个人总会有那么几个点的，但是你得先认识你自己。认识自己本身就是一个艰难的过程，而这在个人品牌的打造过程当中称作"个人品牌定位"，这跟产品品牌定位的出发点是不同的，产品品牌定位着重于考虑消费群体的问题，而个人品牌定位主要是从自己身上的特点和闪光点出发，其给你带来的是一种具有独特性的经济效应。

举一个贴近生活的例子，如果你在一家公司，执行力强，办事效率高，那么你的上司和同事就会对你形成一个良好的印象，这个"良好的印象"其实就是你个人品牌的雏形。可以说，正因为你这样的表现下形成的印象，你随之在公司挣得的信用会逐渐转化成金钱，这就是个人品牌转化成经济效益的体现。这只是一个不恰当的例子——他们究竟是不是你的粉丝，这种微妙的感觉还需自己去感受。个人印象说到底只是个人品牌的雏形，要能够完成自己存在的独特价值的品牌定位，你得把自己的专业技能和特点磨炼到精湛的地步，再与自己的风格形成独特性。我只是普通人，哪有什么厉害的地方？不，掌握一技之长的人就很厉害，找到自己喜欢并擅长做的事，再把它练到极致的地步。这才是能够"涨粉"的"点"。

二、如何打造个人品牌之"线"

有了"点"，该有条"线"了，这个"线"指的是可以吸引粉丝的平台。个人品牌跟产品品牌不同，一般来说，你不是明星，你是不会上电视做广告去"卖自己"，这里要表达的是，个人品牌在转化经济效益的时候跟产品的应用层面不一样，所以在平台上会有很大差别。那么，作为一般人在打造个人品牌方面可以使用到的平台，基本上就是自媒体。网络上对自媒体的概念解释是，其又称"公民媒体"或"个人媒体"，是指私人化、平民化、普泛化、自主化的传播者，以现代化、电子化的手段，向不特定的大多数或者特定的单个人传递规范性及非规范性信息的新媒体的总称。以普通非专业人士听得懂的语言来说，大家都玩过博客、微博、微信等网络平台，这些都是自媒体平台。尤其是现在移动互联网发展越来越快，手机网民规模不断扩大，可以说，能够用以打造个人品牌的自媒体平台还是非常宽敞的，关键在于，你有没有混对圈子。前面做好的品牌定位，并不是就此到各大平台以大肆宣扬之势去卖弄自己，而是寻找你该出现该待着的地方，做你该做的事去捕获粉丝的芳心。现在自媒体平台的出现，等于说你可以成名的道路多了一条，不像以前那样必须跨越这么多门槛。假设说你在某领域有专长，就算没有教授的背景，每天只是在微博、博客上发表有用的干货贴，长期坚持仍然可以获得一定的粉丝量和认同度，通过这条"线"，连接自身和粉丝群体。

三、如何打造个人品牌之"面"

打造个人品牌的最后一大步骤，就是"面"，产品品牌的打造最终要走向推广的道路，需要包装策划、需要推广等，个人品牌其实也不例外。个人品牌的"面"就是自身的包装和推销。你已经抓到了"点"，又连好了"线"，你包装好自己拿出去见人的"面"也必须准备好。过去有句话叫"酒香不怕巷子深"，现在的社会，你不主动走出去没人会知道你。"这是一个看脸的时代"，此话不虚，你拿得出看家的本事，你的本事还得长得"有模有样"，比如说，你要在你的圈子分享一个有料的干货贴，你还得写得有趣点，才能产生推广的效果。你可知道网友们本身不见得需要，需要了又不点，点了又不一定喜欢，喜欢了又不赞，赞了又不转发，转发了也还是没什么人关注，然后就这么缘尽了。你得把你的本事传播出去推广出去，无论是通过前面所说的"线"所指的自媒体平台也好，还是参加线下各种活动也罢。

个人品牌成功的包装要能够展现品牌的个性的特色，展示出你独有的价值，同时包装也要适度切忌浮夸，过分的包装反而会扣分。好的包装促使个人品牌的推销，要做到别人"觉得"你很厉害，而不是让别人"听"你去说你很厉害。讲得有点玄，但是这些都是有技巧在里面的，那就是你应该从对方感兴趣的点去出发，而不是过硬地去推销你自己。举例说明一下，如果某人已经在某些领域获得了一些荣誉资质，这还是相当有利的，相当于在包装层面上有了一个头衔。当然普通人一般是没有的，那也没关系，尽可能从粉丝的角度出发，在展现自我的方法上，尝试在自己专精的领域上为他们提供帮助和引导，或是在他们有兴趣的方面下手。不得不说，当你在打造"点"的过程中，不断追求自我，不断磨炼自身，你也一定会得到一些可以用来包装和推销的无形工具，如名气、人脉资源、行业肯定等，这当中必然存在相辅相成的关系。

现今，自媒体多种多样，一些企业就会利用这些自媒体来宣传品牌。例如，前几年较为典型的品牌"清扬洗发水"，其将品牌放置到电视中，并以自身品牌为核心，呈现给观众商业谍战剧《无懈可击》系列，该系列影视剧反响极大，也为其后期的发展提供了重要参数依据。而图书作为传统的自媒体手段，在当下也成为企业品牌宣传的重要手段。

　　"图书"仍然是当下营销的主体，我们中国的企业家常常读国外企业的商业传记，却很少想过出版自己的著作。其实，我们自己也完全有能力、有资格出版自己的著作。通过出版企业传记，树立企业在行业的标杆地位，对企业未来的发展有着非常重要的意义。这方面的案例可以说不胜枚举，在美国，比尔·盖茨都出版了《未来之路》，而在中国，虽然有一部分企业家意识到了这一点，但是，利用出版图书提升企业品牌这一方法，很多的企业家还没有尝试。很少有人会将出版与人脉结合起来，其实不然，图书的出版能够彰显自身的价值观，引领价值观导向，而相同的价值观则能够让你结识更为广阔的人脉。

　　比尔·盖茨、马云、马化腾、乔布斯这些成功者，虽然其成功的秘诀不是因为图书营销，但不可否认，图书营销让人们更熟知他们，让人们更加了解他们的价值观，也更加了解他们的产品、他们的营销理念。其实，每个人都能通过一本书表达出来，你了解这本书之后，就会了解这个人，并且在他的身上学到很多东西，包括知识和技能，更包括智慧。是否跟你投缘，是否将来对你的事业有帮助，你会有一种直觉，这种直觉会形成一种磁场效应，把真正志同道合的人牢牢地吸引在一起，而这也是图书的魅力。简单来说就是，成功人士均热衷出书，其秘密所在也正是为了塑造品牌、打造品牌、宣传品牌，进而更好地获取经济利益。

与其抱怨生活不公平，不如好好地努力，提升自己的价值，越是付出得多收获越多，不要说怎么还没看到效果，越是前期看不到效果的，后期回报才最大，罗伯特的书经历了 20 年才火得一塌糊涂。记住，静下心沉淀自己。

第五节　世界上最奇葩的书店

　　也许大家不知道在日本有这么一个小店，可以说是最奇葩的书店，15 平方米，只卖一本书，可就是靠每天卖一本书，做到最赚钱的书店。老板的名字叫森冈，他是典型的宅男形象，穿衬衫会把所有扣子都系上，甚至不带手机，靠桌面的电话联系，一直开书店。他把一个书店开在东京银座附近。东京银座，最大最繁华的商业街区，与巴黎的香榭丽舍大街和纽约第五大道并称世界三大繁华中心，遍布高级购物商店。在这片商业区的一条寂静小巷里，有一栋 80 多年的老楼，有一家面积仅 15 平方米的小书店，奇怪的不是店面太小，而是在这么贵的地段，这家店每周只卖一部书。每天从下午 1 点开到晚上 8 点，周一休息。难以想象这家店是怎么在银座活下来的，不会赔死吗？问题在于，这家书店活下来了，而且非常火，成了世界上最小，但最赚钱的书店。

　　这家书店，名叫"一室一册·森冈书店"，一般的书店，都是越大越好，书的种类是越多越好。森冈书店则是反其道而行。森冈刚毕业时在一家旧书店做店员，一干就是八年，这确实是他热爱的事情。2005年森冈决定自己创业，开了一家用自己的名字命名的书店，50多平方米，新书、旧书都有出售，并且从200多本藏书开始，森冈非常用心地经营着，后来店里的藏书数量也越来越多。但是同很多实体书店一样，读者越来越少，虽然还可以继续经营，但是境况确实在变差。十年间，日本有超过4000家独立书店倒闭。独立经营书店到第十个年头，森冈再次迷惑了。在这个时候，他发现了一家卖汤的店，他的经营方式很特别，每天精心挑选一款进行烹制，供上下班的人享用。每天一款，别无他选，但深受欢迎。森冈觉得这种方式很特别。森冈想到，很多顾客总是迷茫地走进书店，面对各种各样的书籍不知道该怎么去选，最后很可能挑不到一本合适的书。为什么不用这种卖汤的方式来经营自己的书店？就这样，森冈书店的名声响了，吸引了不少书商、品牌与之合作，将其作为宣传新书的陈列室。

森冈书店的火，并不是因为森冈用这个小书店赚了多少钱，身家多少亿。在刚刚做完不久的上半年决算中，扣除工资、房租、税金以及偿还债务等各种成本，书店每个月还是能赚万八千的，只是通过这个营销方法，受到媒体关注，拿到了出版社的优质资源，每次出版社有新书都会在他的店优先展示。

第 六 章

个人及企业39°的知名度

第一节　你企业的可信度值几两

目前，随着我国经济市场化程度的不断提高和买方市场的出现，市场竞争越来越激烈，产品同质性越来越大，产品本身之外的差异变得越来越重要。作为企业所拥有的独特资源——企业声誉的作用必然进一步凸显出来。它不仅能在企业经营的各个方面提升企业的竞争力，而且对企业发展乃至生存的意义越来越重要。人们也已经逐步意识到企业在公众当中的知名度、可信度及社会形象对于公司的发展是至关重要的，一个良好的甚至是优秀的企业声誉将会决定一个企业在行业内的生存地位和持续发展的时间。但是，企业声誉的培育积累非常不易，需要企业从各个方面踏踏实实地一点一滴地积累，对于任何一个致力于长期持续发展的企业而言，如何提高企业声誉，加强企业声誉管理，都具有十分重要的意义。出书则是当下企业发展较为流行的方式，将自身与企业的发展绘制成图书能够形成良好的品牌效应，增加企业的影响力，进而提升企业的声誉。

一个企业如果拥有良好的企业声誉就相当于赢得了一种有价值的关键资源。良好的声誉是企业所拥有的独特资源，它能在企业经营的各个方面提升企业的竞争力。企业声誉是企业获得竞争力甚至生存的根本和生命线，是企业竞争的有力武器。具体体现在以下几个方面。

第一，良好的声誉能为企业吸引更多的优秀人才，是凝聚人才的旗帜。企业竞争是人才的竞争，关系到一个企业的兴衰成败。事实上，最优秀的人才寻找就业机会时，通常会寻求一个值得自己尊重、分享个人价值和信仰的体系，并且关注良好的员工关系和在组织中工作的感受。因此，他们通常会首选具有良好的声誉的企业。

第二，从企业员工的角度考虑，良好的企业声誉是对企业员工进入企业后的各种需要能够得到满足以及个人价值能得以体现的一种保证。好的企业声誉能够提升企业对企业内外部人员的吸引力。同时，外部人员对拥有良好声誉企业的评价能提升企业员工的心理满意度，从而对企业有更高的忠诚度。

第三，对于企业的债权人和股东等投资者而言，良好的企业声誉是债权或股权能够获利的一种佐证，从一定程度上，能降低这些投资活动的风险。因而，投资者总倾向于向那些声誉良好的企业投资。大公司也非常清楚在机构投资者心目中保持声誉的重要性。

所以，销售高手善于引诱，而不是纠缠！

老板经营企业经常面临这样的问题，比如员工流动性大，没有积极性，不负责任，工作效率低下，人才招不来，等等各种问题。其实这更多是因为你的机制出了问题，这样的问题只要自己能顺应人性，就能达到自己想要的结果。

再拿《参与感：小米口碑营销内部手册》来说，看过该书的人感触都很多。对于小米手机，我不是太了解，我只是从身边一些朋友那里听到或者看到新闻媒体的一些报道，至今我也没有用过一部小米手机。听过最多的就是他们用的营销模式是"抢"，意思是不是你想买就能买到的，需要用真正的实力看谁的手快能抢到才可以。其实对于这种营销策略我不是太喜欢，但确实很有效，如果用传统的模式也许小米不会延生，更不会打出自己的品牌，从这点就足够证明小米背后的团队不管是情商还是智商都很高，彻底地读懂了人性。看了这本《参与感：小米口碑营销内部手册》之后，我才由内而外地了解了小米，知道了小米原来存在诸多的精彩故事，也知道了小米企业的发展史，我被书的故事情节深深感染了，甚至有种想立马去买一部小米手机的冲动，无论是他们的书还是手机，我都看到了他们的用心。这也间接地看出来了，图书的感染力很强，它能够将企业的声誉、形象有效地表达出来。

所以任何成功都绝非是偶然的，正是因为他们的用心，才洞察到互联网时代参与感的重要性。这本书本身也是小米的广告，非常高超的广告。这里面公布的小米的经验教训，也是真实的。但是，对于很多企业，却未必适用。因为每个企业的发展历程不一样，所以这就是为什么越成功的企业越会出版一些自己企业历程的书。书结尾说"每一个产品，每一次创业就是一次人生的缩影"。尼采关于人生哲学的三个问题："我是谁，我从哪里来，我将到哪里去？"不免过于沉重，不如轻松点，运营一个产品其实也挺像写一篇小学作文，先别急着落笔，想想三要素——WHO（产品本身及目标客户）、WHAT（战略）、WHERE&HOW（战术）。

从很多事情中都可以体现书的价值，这就是为什么很多人热衷于书的原因。所以说书的重要性，能提前知道书力量的企业或者个人都会比别人更顺利。书，无疑是最好的口碑。

一、宣传品牌价值观

图书营销宣传是一个富有创意和主动性的职位，要具备市场的敏锐度和前瞻性。手机终端的大力发展普及，给企业的图书营销模式带来了挑战，当然危机与机遇并存，迎合市场和政策的大趋势，并予以图书营销的前瞻性来开拓企业营销的新格局，将会给企业发展带来新气象。

出书，让别人听着就感觉是一个特别光鲜的事情。在认识一个陌生人之前，你告诉那人说自己出过书，那么不用说别的，那人心里肯定特别佩服，会猜想你是不是当老师的或者是个作家。人们对读书都会怀着敬畏的态度，这是五千年来沉淀到骨子中的东西，即使现在出书比前些年简单了很多，也会被人夸赞。举个简单的例子，你出了一本书，当你把消息告诉家里人，那么用不了一天，邻居见了会说："某某，你真厉害，都能出书了！"可见书几乎被人奉上"神坛"，而站在神坛上的人自然会受到高级待遇。特别是在现在这个社会，每个公司的首要目的就是成交客户，一个公司假如有 10 个人，至少 8 个人是业务员，然后剩下 1 个老板，1 个财务，可见业务员的重要性。可为什么公司这么多的销售人员，业务却总是达不到预期的那么好呢？大部分人会感觉是自己的产品没有说服力，或者是不够好，其实不是的，所谓的成交别人合作的是你个人而不是你的产品，别人愿意和你合作 80% 是因为你这个人，只剩下 20% 是因为刚好需要这种产品。意思是反正在哪都是买这种产品，为什么要在你这买呢，这就牵扯信任问题了。每天业务员出去见客户，辛辛苦苦跑一天，发的名片宣传页也不少，和客户磨破嘴皮子也起不到多大效果，但若让销售人员事先给客户送一本写企业传记方面的书，客户就会对企业先有个很深的了解。业务员再沟通，客户就会更有信任感，话题就多了，谈业务自然方便。

有人说企业出书是品牌推广的"核武器"。这话说得虽然夸张，却在一定程度上表明了企业出书的宣传价值。无论是宣传个人，还是宣传企业，广告宣传给人的感觉是硬邦邦、冰冷的，有种强塞给对方的感觉，而图书宣传则不同。因为在大众的心里，书是文化与知识的象征，是高雅、有品位的。想一想，面对经销商，当您双手呈书，这本书就会全面地将你企业的品牌展现出来，将你自身的追求、价值观呈现出来，这样增加客户的认知与重视，也会对后期的合作提供重要依据。

二、全面品牌定位

关于企业形象定位的策略，我们可以从品牌专家大卫·艾格对品牌定位的定义中得到启示："品牌定位是品牌认同和价值主张的一部分，该项定位将被积极地传播给目标对象。同时用以显示其相较于其他竞争品牌的优越之处。企业进行品牌定位应该从其品牌认同和价值主张中提取内容，以备向受众传播。"

企业品牌认同系统的建立也是品牌运作的一个过程，它需要在品牌调查后的品牌策划阶段完成所谓"品牌认同"，简单地说，就是品牌管理者希望人们如何看待这个品牌。从企业的角度来说，品牌认同是为确保品牌用户（主要是读者）与品牌创立者（企业员工）能够完整、准确地认识它，而制定的一套反映品牌整体特征的文字描述。品牌认同系统具有十分丰富的内容。

因此，对于企业来说，其品牌定位的关键是找到其"独特的销售主张，即品牌最具个性、最具影响力的说辞"。图书的出版，则可以对品牌定位的品牌认同及价值主张提供支撑，具体来说主要有如下几个方面。

第一，企业品牌认同中的核心认同。品牌认同系统可以分为核心认同和延伸认同。核心认同是品牌的"本性"，是品牌所透露的内涵，体现品牌背后的基本信仰和价值观，或者该品牌创立者的过人之处、经营理念。它不会因品牌的传播时间和传播地域而改变。品牌最独特、最有价值的部分通常表现在核心认同上，品牌定位一般首先审视品牌的核心认同。当它比较具有个性，又能被用户所接受时，就可能被归为品牌定位的内容。香港企业网站上醒目的广告"开拓资讯空间，迈进自学纪元"就体现了该企业新时代的新定位——满足用户资讯需要和自学需要的使用价值，以及该馆的这种社会使命和价值观。

第二，企业品牌延伸认同系统。好的品牌延伸认同系统能够为品牌的核心认同添加色彩，在基本认同周围形成一层强有力的支持系统，让品牌的理念显得更加清晰，也为品牌带来更丰富的内涵。例如，走在品牌化建设前列的温州企业，其"中国鞋都企业""温州服装企业暨温州服装信息中心"和"温州 E 时代企业"等已初显品牌效应。对于中国鞋都企业来说，温州企业的新馆形象、网站情况、地域特点、其他品牌，以及中国鞋都企业的馆藏、用户和它为用户提供"鞋样设计"的服务等众多品牌相关因素构成了中国鞋都企业品牌的延伸认同系统，进一步诠释和佐证了"具有开拓创新精神的鞋类专业企业"的品牌核心认同。

第三，企业目标受众获得的利益。企业能通过某个品牌给用户带来什么利益，是人们比较关心的问题。我们可以把这部分内容提取出来，用于品牌定位。这种利益包括品牌的功能性利益和心理上的附加值利益。同样以中国鞋都企业为例，针对需要获得鞋样设计服务的用户，该品牌的定位可以是"轻轻松松地获得世界各地的鞋样和来自专家的可信赖设计"。

第四，企业品牌引发目标受众共鸣的优越点。企业的品牌定位应当展现其相对于竞争者的优势所在，并且这个优势必须能正中目标受众心理，具有吸引力和说服力。这种优越点有企业品牌的性能（信息的先进性、可靠性，服务的快捷性、便利性等）、品牌的公益性、企业的社会贡献、关系等。

第五，有利于矫正或更新企业品牌形象的内容。经过调查，可以得知企业及其品牌在人们心目中的形象，如果这一形象与品牌认同之间存在一定的差距，那么，企业就可以根据需要，在品牌定位中有的放矢地对某些形象加以开发、削弱或矫正。例如，如果某一企业的品牌产品是一种有偿提供的文献数据库，它可能被一部分目标公众所排斥，因为在他们的观念里，企业是公益的，其服务应是免费的。这样就要在一定阶段的品牌传播中，将其定位在品牌产品的非凡价值及其有偿获取的观念上。

第六，企业品牌的目标对象。品牌定位必须设定目标对象，并根据需要告知他们该品牌正是为他们提供的。企业有些服务和信息产品具有较突出的服务对象特性，如儿童企业、专为残疾人提供的特别服务、专为政府部门提供的数据资料等。这类品牌的目标对象明确具体，即使不作传播，用户也能明白。对于其他品牌来说，其特定对象可能只是该项品牌所有用户中的一部分，一般需要加以说明和强调。例如，中国鞋都企业客观上为所有公众开放，但该品牌只能将鞋类设计、生产、销售人员确定为目标对象。

企业品牌在定位过程中需要对目标对象进行深入的研究，包括其年龄、职业等方面的基本构成特征，以及其信息需求、价值观、生活方式、心理、文化因素的特征等。这样，在品牌定位中就可以将用户作全面的描述，使用户更能理解，并为下一步有计划地进行品牌传播做好准备。

不少企业在建立出书与出人才并重的激励机制方面，创造了不少经验。如有的企业坚持鼓励员工畅所欲言，为员工等专业人员提供思维碰撞的空间，激发创造活力。重点图书出版成功后，又组织总结会，总结图书出版的成败得失，在概括成功经验的同时，找出有待改进的地方，帮

助大家不断加深对市场经济条件下企业发展的规律的
认识。

  对知名企业来说，出书是一件名利双收的好事。以万
达集团出版的《万达哲学》为例，销量过百万带来的直接
利润上千万。华为的《以奋斗者为本》，百度的《智能革
命》，京东的《创京东》，以及新东方、阿里巴巴等企业
出的书，也都有不俗的市场反响。当然，这些利润对名企
来说，根本不值一提，他们更看重的是图书对企业形象的
塑造功能，和企业品牌的推广价值。对中小企业老板来
说，出一本书虽然不能像名企一样坐收千万利润，但更重
要的是可以增加员工的自豪感，提升公司的凝聚力，假如
你的员工拿着自己老板的书去谈业务，可想而知能有多
自豪。

第二节 "美国琼瑶"丹尼尔·斯蒂尔

丹尼尔·斯蒂尔，美国通俗文坛最具代表性的畅销书作家之一，也正是因为她的作品，让她成为家喻户晓的大名人。

福布斯每年都会公布一个"全球作家收入排行榜"，各个如雷贯耳的作家名字在其中穿梭上下，今年这个跌出榜单，明年那个一跃登顶，竞争十分激烈。而美国爱情小说女作家丹尼尔·斯蒂尔却能在榜单上稳步前进。2012年，她排名第八；2013年排名第五；在"2014福布斯全球作家收入排行榜"中，她的排名已前进至第四位。

斯蒂尔的作品之多令人瞠目：从1976年出版第一部小说以来，她保持着平均每年3部的创作速度，至今已经出版长篇小说113部，超过了任何一位目前在世的美国作家；作品质量也毋庸置疑，几乎每部小说都登上过《纽约时报》畅销书排行榜，还曾因雄踞榜首长达381周而创下了吉尼斯世界纪录；她的作品中，有22部被改编成影视作品，其中有两次获得了金球奖提名。美国读者奉斯蒂尔为"浪漫爱情小说女王"，而中国粉丝则称她为"美国琼瑶"。

斯蒂尔是美国最畅销书的作家，也是美国最多产的作家。她的作品以 28 种文字在全球发行突破 4 亿册，她的个人生活比她的小说更离奇，她曾 4 次结婚，其中两任丈夫是在监狱中相识的抢劫犯和吸毒犯。她的爱情充满了浪漫与苦涩，她一生为情所困，把自己对生活所有的期待与梦想都写进了自己的小说里。

斯蒂尔 1947 年出生在纽约，是个上层家庭的独生女。7 岁时，父母离婚，她随父亲生活。"我对小时候的回忆就是孤独。"斯蒂尔说。似乎是要寻求补偿，其作品中充斥着母女情及手足情。

18 岁时，斯蒂尔嫁给了比她大 10 岁的美国银行家拉扎德，拉扎德出生于法国的望族，1965 年他们在卡拉尔旅馆结婚（从此这家旅馆不断浮现在她的小说中）。她是多愁善感的少女，他是纽约蒸蒸日上的银行家，他挽着她的手进入"一个陌生的、金钱的世界"。为了寻找自我，她出去工作，尽管工资低于她雇用的奶妈。她起初写作就在琐碎的打零工的间隙之中。1969 年完成第一部书稿，写一个妇女毅然离开丈夫和经济的稳定，去寻找自由和自我。丹尼尔的第一部书稿并不成功，上下不分段，几乎没有标点符号，经纪人一看便劝她"还是回家做饭去吧"。但她已经踏上创作的不归路。她在结婚的第二年生下一女，但矛盾接踵而至：富豪丈夫希望她留在家里相夫教女，而斯蒂尔则执意工作。两人很快进入分居状态，1972 年正式离婚。

　　她与第二位丈夫的相识完全出于偶然：她去监狱采访一位作家，同监牢犯达尼尔：银行抢劫犯，高大英俊，右臂的刺青是一只苍蝇，右臂是一颗心。他才 22 岁，但他讲述的故事已经使她惊心动魄。丹尼尔有最大最美的眼睛，有灿烂的微笑。她一进门，牢房里顿时阳光明媚，达尼尔也觉得两人之间有了点什么。对丹尼尔来说，这种感觉既吸引着她又使她害怕，一个完全陌生的世界使她激动得喘不过气来。他们开始鱼雁往返，她给他写情书，一天一封，有时一天五封，最高纪录是一天十七封；达尼尔则以男子的笨拙替她编织了一条双色的围巾，作为对几百封情书的回报。两人热切地期待出狱后的结合。可是一旦结合，现实远远没有幻想美丽。使达尼尔惊讶的是她的极热烈的爱情背后的近乎冷酷的精明，"白马王子"接到家里，她的第一句话是："你的是你的，我的是我的。"她娇小玲珑，他熊腰虎背；她喜欢法国文学，喜欢伏尔泰，喜欢谈论哲学，他至多读一点通俗的小说；当她去法国使馆赴宴，他只能留在家里看电视。家里开宴会，来客 98% 都是她的客人，哲学家、艺术家、作家、银行家，他穿着她替他买的衣服，浑身不自在。据说有来客问达尼尔在哪高就，答是银行，是何部门，达尼尔说："就是专门取钱的部门。"这是达尼尔苦涩的幽默。他会径自在角落坐下，喝他的伏特加。先是酒精后是毒品，成为舒解内心忧郁的手段，他开始哀叹："反倒是在监狱中安全，那儿还有幻想，而幻想总是美好的。"夜里丹尼尔盘起了头发，中间横插一支铅笔，在打字机前可以嘀嘀嗒嗒到天亮。她讨厌他的粗俗，他看不惯她的骄奢，她连牛仔裤都要干洗。

有人说，丹尼尔只是把婚姻当成写作的下酒菜；还有人断言，她的童年有着不为人知的阴影，导致婚姻生活不顺遂。她则依然保持沉默，更加执着地在创作里追寻爱情。福布斯榜上的其他富豪作家，大多拥有专门的创作团队，而斯蒂尔只有她自己。她的写作工具是一台 1964 年产的打字机，这或许是她身边最忠实的伴侣。

第三节　谁漠视了她的火柴

　　1805 年 4 月，一个婴儿出生在一张由棺材板拼戒的床上。他大声啼哭着，仿佛抗议上帝将天使贬谪到人间。教士安慰惶恐的母亲说："小时候哭声越大，长大后歌声就越优美。"果然许多年后，这个天使用夜莺般的歌喉向全世界唱起歌儿了，即使是圣诞老人，也并不会比他更有名气。他的名字，没错，就是大家熟知的安徒生。虽然大家都没见过他的长相，可都读过他的作品。

　　安徒生 1805 三 4 月 2 日生于丹麦菲英岛欧登塞的贫民区。父亲是个穷鞋匠，曾志愿服役，抗击拿破仑·波拿巴的侵略，退伍后于 1816 年病故。当洗衣工的母亲不久即改嫁。安徒生从小就为贫困所折磨，先后在几家店铺里做学徒，没有受过正规教育。少年时代即对舞台发生兴趣，幻想当一名歌唱家、演员或剧作家。1819 年在哥本哈根皇家剧院当了一名小配角。后因嗓子失润被解雇。从此开始学习写作，但写的剧本完全不适宜于演出，没有为剧院所采用。1822 年得到剧院导演约纳斯·科林的资助，就读于斯莱厄尔瑟的一所文法学校。这一年他写了《青年的尝试》一书，以威廉·克里斯蒂安·瓦尔特的笔名发表。这个笔名包括了威廉·莎士比亚、安徒生自己和司各特的名字。1827 年发表第一首诗《垂死的小孩》，1829 年，他进入哥本哈根大学学习。他的第一部重要作品《1828 和 1829 年从霍尔门运河至阿迈厄岛东角步行记》于 1829 年问世。这是一部富于幽默感的游记，颇有德国作家霍夫曼的文风。这部游记的出版使安徒生得到了社会的初步承认。此后他继续从事戏剧创作。1831 年他去德国旅行，归途中写了旅游札记。1833 年去意大利，创作了一部诗剧《埃格内特和美人鱼》和一部以意大利为背景的长篇小说《即兴诗人》（1835 年）。小说出版后不久，就被翻译成德文和英文，标志着作者开始享有国际声誉。

他的第一部《讲给孩子们听的故事集》包括《打火匣》《小克劳斯和大克劳斯》《豌豆上的公主》和《小意达的花儿》，于 1835 年春出版。1837 年，在这个集子的基础上增加了两个故事，编成童话集第 1 卷。第 2 卷于 1842 年完成，1847 年又写了一部《没有画的画册》。1840 至 1857 年，安徒生访问了挪威、瑞典、德国、法国、意大利、西班牙、葡萄牙、希腊、小亚细亚和非洲，在旅途中写了不少游记，如：《一个诗人的市场》（1842 年）、《瑞典风光》（1851 年）、《西班牙纪行》（1863 年）、《访问葡萄牙》（1866 年）等。他在德、法等国会见了许多知名的作家和艺术家。1847 年在英国结识了狄更斯。

1843 年，安徒生认识了瑞典女歌唱家燕妮·林德。真挚的情谊成了他创作中的鼓舞力量。但他在个人生活上不是称心如意的，他没有结过婚。他晚年最亲密的朋友是亨里克和梅尔彻。1875 年 8 月 4 日，安徒生在哥本哈根梅尔彻的宅邸去世。这位童话大师一生坚持不懈地进行创作，把他的天才和生命献给"未来的一代"，直到去世前三年，共写了 168 篇童话和故事。他的作品被译成 80 多种语言。

安徒生的童话故事体现了丹麦文学中的民主传统和现实主义倾向。他的最好的童话脍炙人口，到今天还为世界上众多的成年人和儿童所传诵。有些童话如《卖火柴的小女孩》《丑小鸭》《看门人的儿子》等，既真实地描绘了穷苦人的悲惨生活，又渗透着浪漫主义的情调和幻想。由于作者出身贫寒，对于社会上贫富不均、弱肉强食的现象感受极深，因此他一方面以真挚的笔触热烈歌颂劳动人民，同情不幸的穷人，赞美他们的善良、纯洁等高尚品质；另一方面又愤怒。

在体裁和写作手法上，安徒生的作品是多样化的，有童话故事，也有短篇小说；有寓言，也有诗歌；既适合于儿童阅读，也适合于成年人鉴赏。他创造的艺术形象，如：没有穿衣服的皇帝、坚定的锡兵、拇指姑娘、丑小鸭、红鞋等，已成为欧洲语言中的典故。

当年读了《卖火柴的小女孩》这篇童话故事，我非常同情那个孤苦无依、饥寒交迫的小女孩。她的幸福、她的快乐，只能在幻想之中，而我们的幸福和快乐就在现实之中。

圣诞节之夜，寒冷又黑暗，一个小女孩赤脚在雪地上走着。她太冷了，便在一个墙角里坐下来。她伸出几乎冻僵了的小手划着第一根火柴，温暖的大火炉出现了，坐在火炉旁是多么暖和呀，可这时一阵风吹灭了小女孩的火炉，她又回到了冰冷的现实中。而我们在寒冷的冬天，学校和家里都有暖气，温暖如春，出门有漂亮的羽绒服、皮靴，何曾尝过挨冻的滋味？

小女孩划着第二根火柴，香喷喷的烤鹅出现，饥饿的小女孩多想饱餐一顿啊，而这一切又随着火柴的熄灭消失了……

当划着第三根火柴时，小女孩眼前出现了美丽的圣诞树，她多么渴望一家人团聚，过上个幸福的跨年夜呀！这想法瞬间就破灭了。这和我家除夕夜的大团圆形成了多么鲜明的对比呀！

当绝望中的小女孩点燃了所有火柴的时候，唯一疼爱她的奶奶出现了，她随着奶奶去了没有压迫、没有饥饿的美好世界。多么可怜呀！残酷的现实世界夺去了小姑娘的生命，她只有到天堂去寻找人间无法给她的温暖、快乐、疼爱与幸福了。

现实中很多人身在福中不知福！读了《卖火柴的小女孩》后，我时刻用这句话勉励自己，我应该珍惜这幸福的时光，努力充实自己。

第四节　提升企业知名度的风火轮

你的名气有多大，取决于有多少人认识你；你的品牌有多成功，取决于你有多少"粉丝"。2014 年 6 月 7 日。北京西单图书大厦正在进行一场备受读者关注的新书签售会，书的作者是一位企业家，某品牌连锁机构的创始人。此时，发布会现场挤满了人，来自全国的十几家电视、网络、报社媒体，守候在台前，准备对作者进行现场采访。几百名读者排着长队，一边翻阅手里的图书，一边等待作者签名……所有读者都是这位作者的"粉丝"，也是某个品牌的忠实消费者，几年来，他们一直喜爱这个品牌，今天，他们将会在这里与这个品牌的创始人进行互动。几十家媒体用摄像机记录着现场，他们把镜头推近作者："这个品牌不只是我一个人的梦想，更是所有消费者的梦想。为了这个梦想，我愿意用一生的时间去奋斗……"从表面上来看，这只是一场很普通的新书签售会，但其背后的营销策略是"推广产品"吸引"粉丝"。"我们都知道在这个时代里，拥有更多的'粉丝'对于宣扬自己的品牌的发展有多重要。所以从这个角度来讲，作者通过图书签售会来推广自己的品牌无疑是成功的。"一些互联网评论人对互联网"大佬"出书提出了以上看法。

2015 年 7 月份，周鸿祎在京东平台上为自己的新书开展众筹，并在一个月内以 161 万元的众筹金额刷新了出版行业的众筹纪录，同时企业通过团购渠道的总预订量已经超过 10 万册。

不过通过众筹为这本书"投资"的用户最终拿到的不只是一本书，同时还包含这次分享会的入场券，内容包含周鸿祎的个人演讲和与天使投资人徐小平的对话等。此外，周鸿祎还仿效"巴菲特的午餐"和 13 位创业者吃了一顿"秘密午餐"，并现场点评诸多创业者的商业计划书。没过多久，小米副总裁黎万强也办了场自己的新书《参与感：小米口碑营销内部手册》的发布会，尽管不像周鸿祎一般"花样"十足，解密小米营销等内容仍是吸引了不少互联网创业者的关注。互联网"大佬"为何忙着出书？显然，赚钱并不是首要目的，更重要的是调动"粉丝"的参与度。在一些互联网业内人士看来，互联网大佬出书卖的并不是书，而是一种概念营销。"无论是周鸿祎还是黎万强，面对的都是创业者群体。对这部分人来说，创业经本身就是一种'刚需'，同时也有助于增强用户和产品之间的黏性。"2013 年，我们熟知的一家品牌连锁店在没有正式入驻某个城市之前，先行在这所城市里举办了大规模的图书签售会。品牌创始人邀请了一些名人过来"捧场"，吸引了近万名"粉丝"。此书作者是一位营销高手。他认为："品牌经营如果忽视广告，就好像在夜幕中向姑娘传递秋波，尽管你知道你做了什么，但对方不知道。所以，我们这样做有一个非常重要的目的，那就是在我们的品牌没有正式入驻到这所城市之前就开始战略推广，让消费者预先熟知我们的品牌。"出书是一种非常有效的"品牌推广"宣传方案。书像一个杠杆，有了它，你可以通过各种营销渠道来宣传你的品牌，并且起点很高。你可以办新书签售会，也可以开读者交流会，还可以运用互联网思维快速传播你的故事……就像那些互联网"大佬"一样，他们出书的目的不仅仅是为了赚钱，更重要的是为了吸引更多的"粉丝"，成就自我的品牌。互联网手机＝小米／雷军，互联网搜索＝百度／李彦宏，互联网数码家电＝京东／刘强东，互联网免费杀毒＝奇虎360／周鸿祎。移动互联网时代，品牌打造离不开"互联网"。如果你能够出版一本书，用互联网思维去推广它，你就会快速吸引一大批"粉丝"。而把更多人变成你的"粉丝"，也就是在推广你的品牌。

因为一本书得到众多人认可的还有许多人，如奥格·曼狄诺。如今销售行业正如火如荼地发展，而销售的人中超过90%都读过《世界上最伟大的推销员》，这本书的作者就是奥格·曼狄诺。他创作的《世界上最伟大的推销员》影响了很多很多人，这本书自出版以来就非常畅销，至 1973 年，该书再版了 36 次，销售量超过 400 万册。至今这本书仍然很畅销，据不完全统计，这本书目前被翻译成 17 种语言，在众多国家受到欢迎，世界销售量超过 900 万册，被誉为最受欢迎的营销类书籍。作者本人说：自《世界上最伟大的推销员》出版以来，我不断收到来自世界各地读者的来信，他们热情洋溢地夸赞这本书的成功之处，这种认可给了我力量，让我更加努力地致力于另外 12 本书的创作当中。这一切都来源于《世界上最伟大的推销员》这本书，更来源于读者对这本书和对作者本人的认可。与罗伯特·清崎一样，奥格·曼狄诺也踏上了著书影响更多人的道路。

无论是罗伯特·清崎，还是奥格·曼狄诺，都是以著书立说获得更多认可，提升自己的影响力。这已成为一种模式，即以书获得畅销，提升作者及周围人对自己的认可程度，然后才有机会走到台前，成为"成功讲师"，提升自己的影响力，影响更多的人。也有人走另外一个途径，也就是当前很多企业家所采用的途径，他们先开展培训课程，在获得一定人脉后再出版书籍。有些人不禁要问：已经走到"台前"为什么还需要出书？此种途径同样在于提升外界对自己的认可度，走上讲台后，再进行出书，增加一个宣传渠道，更能全面地宣传自己，让更多的人知道自己、认可自己，才有可能最大限度地提升自己的影响力。

后者的思路在于让更多的人通过读书认可他，走进他的讲堂，成为他的学员。第二种方式在企业中尤为适用，他们可以通过出书来宣传自己的品牌，让更多的人通过读书认知他的品牌，提升对品牌内涵的认识，进而对品牌予以认可，因而青睐这一品牌。在此过程中出书无疑就像打广告一样，书写得好、有吸引力，就会给自己的企业和产品做很好的宣传，被读者记住，这些读者因此会成为这一企业、著书立说者的"粉丝"，也因此喜欢这一企业的产品。就像《富爸爸　穷爸爸》《世界上最伟大的推销员》，作者没有刻意地为书做广告，也没有借此机会宣传自己多么好、多么成功，只是因为书写得好，吸引了很多读者，由书及人，对写书的人也会有很高的定位，作者因此形成了自己独特的品牌，获得了越来越多人的认可。

　　获得客户认可并不是通过一则广告就可以实现的，更需要引起客户的兴趣，让很多人愿意讨论你的品牌。为了让更多的人认识你，有些人，尤其是销售人员会使用定制的名片，一些比较有影响力的人还会使用特别定制的名片。人们使用名片无非是想要缩小距离感，让对方快速地认识自己，并在心理形成深刻的印象。然而最好的名片并不在于名字、职称、身份、特长等信息，要知道再好的名片也不能让别人了解你，至多记住一个名字、一个职位等。而一部以个人为主题的书则不一样，不仅仅在于让你知道了一个人，更重要的在于让你知道了一个人的意识、观点，能够向你全面地展示一个品牌的内在文化，更具有可读性，更具有吸引力，不像名片出门就会被扔掉。想象一下，如果一个企业在向你推销的时候给了你一张名片，告诉你这是企业中的某个领导人，让你了解一下。而另外一个企业在向你推销的时候送了你一本书，告诉你这是企业中的某个领导人自己出的书。你做何感想？名片可能出门就扔，而书则不同，很多人在当时可能不看，拿回家也不一定会立即就看，但会放在那里，说不定什么时候就拿来翻看。书中会细致地介绍品牌，让你通过一个个案例了解品牌，自然而然地被吸引，由对书、对人的认可，转化为对产品的认可，对企业中的产品产生好奇心理，想要主动尝试。在这种情况下书并不仅仅是书，更是一种有说服力、感染力的名片，能够切实解答你的疑虑，若书写得较好，会让你从内心认可。因此书是最好的名片，能够提升客户对企业、对产品、对某个人的认可度。

增加客户认可是出书的一个重要价值，这也在一定程度上解释了为什么要出书的问题。书是最理想的名片，以书为名片可以达到以下目的：让企业员工加深对企业的认识，提升企业认可度。对此，一位企业人说：我们企业是做服务行业的，全国各个城市和地区都有我们的网店，企业需要定时将各个网店的负责人召集到一起，进行开会，让所有人对公司的步调有所了解，并以会议统一思想认识。在会议当中主要需要完成两个目标，一是传达任务，二是传递企业精神文化。而将各地负责人召集起来再进行开会非常浪费时间、精力，往往难以达到理想的效果，且难以将企业精神文化传递至基层工作人员，也限制了企业的发展。而写一本书，将想要呈现的东西都表达出来，则能够很好地解决问题，不但能够让各地区负责人很好地理解会议目的，更能够将写的书发给基层员工，让员工同样对企业文化、企业思想、下一步工作等都有很好的认识，激励各级员工保持步调一致。企业员工因此会提升对企业的认可程度，更清楚地知道企业使命、企业规则，对企业的认可度提升，工作能力和水平也将进一步提升。以书为名片的另一个目的是提升顾客的认可度。产品离不开推销，传统推销方式是以名片推销，而当别人用名片推销时，你用书推销，将书放在实体店、网店中销售，能够拓宽影响范围，让更多的人了解产品。很多人在读了书后会对品牌产生更深刻的理解和认识，因此认可该品牌，并购买产品。此外，出书也能够向以往不认可你能力的人证实你的能力，取得他们的认可，减少成功阻力。

总之，出书能够提升出书者及所在企业的影响力，获得更多人的认可，促进自己产品的输出。

第五节　用书引领行业标准

　　品牌的命运是——你不去领导别人，就会被别人领导。一位美发业企业顾问有限公司的董事长向我们说明了他为什么要出一本书的原因："一年前我就有想要出书的想法，当时我的事业处于上升期。记得有一次我到国外去学习，在教室里，坐在我旁边的是一位韩国的同行，他会说中文，跟我讲了很多关于韩国美发业的事情。我们聊得很投缘。他还送给我一本他自己写的书。书是用韩文写成的，我看不懂，但是我在收到那本书时，就萌生了一种想法：我也要出书！"回国后，他把想要出书的想法跟合伙人说了，他们很惊讶："那怎么可能！你学历不高，文化程度也不够，平时读书都很少，怎么写书？"他知道他们为什么反对他这样做，因为在他们的思想里，做美发的人大多都是农村出来的，大家只是想要学一门手艺养家糊口，很少有人想要搞出"大名堂"。他这个人就是这样的性格，别人都在做的事情他不做，别人不去做的事情他偏偏要试一试。于是，他问了很多朋友，联系到了我们，希望我们可以帮助他推出这本书。于是我答应他会帮他把书稿修改到位。对此，他万分期待。几个月过去后，他收到了我们发过来的稿子。看了他的书我受益匪浅。出书的人要明白你写这本书的目的是什么，要知道怎样把你的思想挖掘出来并呈现出来，要懂得如何对你的故事进行包装，对你的品牌进行推广，拉升你的高度。那位美发业董事长说："其实，我的目的是通过出书来拉升行业标准。我一直都在做这样的事。因为我知道，如果想要成为某个行业里的领导者，就必须一直做拉升行业标准的事。也就是'你要想别人不敢想，做别人不肯做的事'。"

比如我认识一个人，他一直在做拉升行业标准的事——别人面对几千人演讲，他面对几万人；别人出一本书，他出十本书；别人在中国出书，他把他的书翻译成外文在国外出；别人把自己的故事拍成宣传片，他把自己的故事拍成电影、电视剧。他一直都在做拉升自己行业标准的事，后来，他成为自己行业里的领导者并有了知名的"品牌"。"我要通过出一本书告诉我的同行，虽然你们做的是最普通的工作，但是你们可以让它变得不普通；我要通过出一本书告诉读者，虽然做美发的人遍地都是，但是我们要做的和别人做的不一样，我们要影响和改变这个行业，将美发业带到更高的位置上。"

第六节　李嘉诚的经商之道

　　对于这位世界名人我所知不多，他是怎么样创建出长江实业这个跨越国际的集团，我更加不清楚！出于好奇我买了关于他的书《成功没有偶然》，心里对于这位名人的不平凡经历浮想联翩……在这种好奇下的驱使下，我决定看一下这本书。书的字数并不少，内容极其丰富。虽然我仅仅用了两个晚上就读完了，然而它带给我的震撼，却是一生一世的！

　　读了这本书，我除了得到知识以外，更重要的是李嘉诚创业的故事以及他的不平凡的工作态度深深激励和鼓舞了我，让我树立了自信心，内心仿佛有一个声音在说：将来我一定行！正如书中前言所说："每一个天才曾经都是一个孩子，每一个孩子日后都可能是一个天才。""没有一个人生来就完美，也没有一个人天生就比别人差"，我十分同意编者的话，因为他道出了我的心声。总结来说，其主要的特点如下。

"好谋而成、分段治事、不疾而速、无为而治。"

李嘉诚先生一直被认为是华人商界的一个传奇，从最早的香港"塑料花大王"走向"地产大王"，李嘉诚未来更可能变成"石油巨擘"。李嘉诚所代表的不仅是华人首富的地位、积极进取的商业精神，而且是获得成功与保持成功的平衡哲学。李嘉诚22岁创业，在这一波全球金融危机之前，超过50年从来没有一年亏损，这一点是比他华人首富地位更有魅力的传奇。

50年不亏损是如何实现的呢？其实很简单，那就是保守一点。李嘉诚会不停研究每个项目要面对可能发生的坏情况下出现的问题，所以往往花90%精力考虑失败。"想想你在风和日丽的时候，假设你驾驶着以风推动的远洋船，在离开港口时，你要先想到万一悬挂十号风球，你怎么应付。虽然天气蛮好，但是你还是要估计，若有台风来袭，在风暴还没有离开之前，你怎么办？"就是因为这样，这么多年来，自从1950年到今天，长江集团并没有碰到贷款紧张，从来没有。

按照李嘉诚的哲学，做生意一定要先想到失败，从前中国人有句做生意的话："未买先想卖"，你还没有买进来，你就先想怎么卖出去，你应该先想失败会怎么样。他认为成功的效果是100%或50%之差别根本不是太重要，但是如果一个小漏洞不及早修补，可能带给企业极大的损害。所以当一个项目发生亏蚀问题时，即使所涉金额不大，他也会和有关部门商量如何解决问题，所付出的时间和以倍数计的精神都是远远超乎比例的。李嘉诚常常讲，一个机械手表，只要其中一个齿轮有一点毛病，这个表就会停顿。一家公司也是，一个机构只要有一个弱点，就可能失败。了解细节，经常能在事前防御危机的发生。对于他来说最重视的环节就是现金流和公司负债的百分比，这是任何公司的重要健康指标。任何发展中的业务，一定要让业绩达致正数的现金流。

90%考虑失败，可以说是全方位预测风险的能力，它比思考成功关键来得重要。就像是军队的"统帅"必须考虑退路。例如一个小国的统帅，本身拥有两万精兵，当计划攻占其他城池时，他必须多准备两倍的精兵，就是六万，因战争启动后，可能会出现很多意料不到的变化；一旦战败退守，国家也有超过正常时期一倍以上的兵力防御外敌。他认为任何事业均要考虑自己的能力才能平衡风险，一帆风顺是不可能的，过去他在经营事业上曾遇到不少政治、经济方面的起伏。常常记着世上并无常胜将军，所以在风平浪静之时，更要好好计划未来，仔细研究可能出现的意外及解决办法。

强调风险是不败的前提，不过外人经常注意到的却是长江集团五十年来，屡屡在危机时入市，包含 20 世纪 60 年代后期掌握时机从塑料跨到地产，后投资上海、深圳港口生意，甚至在印度尼西亚排华运动时投资印度尼西亚港口等。这些大胆之举之所以都未招来致命风险，是因为李嘉诚能够掌握市场周期起伏的时机，还有顾及与国际经济、政治、民生有关的各种因素。如地产的兴旺供求周期已达到顶峰时，几乎无可避免可能会下跌；又因为工业的基地转移，必须思考要增加的投资、对什么技术需求最大等的决定，因应不同的项目找出最快达到商业目标的途径，事前都需要经过精细严谨的研究调查。能在不景气的时候大力发展，就是在市场旺盛的时候要看到潜伏的危机，以及当它来临时如何应对，这是需要具备若干条件的。在李嘉诚眼中"审慎"也是一门艺术，是能够把握适当的时间作出迅速的决定，但是这不是议而不决、停滞不前的借口。经营一家较大的企业，一定要意识到很多民生条件都与其业务息息相关，因此审慎经营的态度非常重要。李嘉诚牢牢记住一句话："穷人易过，穷生意难过"，你再穷，你不能吃好的白米，你可以买最便宜的米，还是可以过，人家吃肉，你可以吃菜，最便宜的菜；但是穷生意很难，非常难。

李嘉诚认为在不景气时候能大力发展，关键在于要"做足准备功夫、量力而为、平衡风险"，机会来临时，能够把握适当的时间作出迅速的决定。1977年，他以迅雷不及掩耳之势收购香港希尔顿酒店就很经典。

当时李嘉诚去参加一个酒会，后面有两个外国人在讲，一个说中区有一个酒店要卖，对方就问他卖家在哪里？他们知道酒会太多人知道不好，他就说，在 Texas，李嘉诚听到后立即便知道他们所说的是希尔顿酒店。酒会还没结束，他已经跑到那个卖家的会计师行那里，找他的核算师马上讲，我要买这个酒店。对方说奇怪，我们两个小时之前才决定要卖的，你怎么知道？当然李嘉诚笑而不答心自闲，只说：如果你有这件事，我就要买。

他当时估计，全香港的酒店，在两三年内租金会直线上扬。Texsa 是一家上市公司，在香港拥有希尔顿，但是他只算它香港希尔顿的资产，就已经值得跟它买。这就是决定性的数据，让这家公司落入李嘉诚手里。这笔生意之所以快速成功，笫一因为没有人知道；第二他当时出手非常快。其他人没这么快。因为他在酒会听到了，就马上打电话给他一个董事，他是稽核那一行的，和卖家的稽核是好朋友，因此能够马上到卖方代表的办公室谈。

李嘉诚把自己成功的方程式总结为三项原则：第一个，你做哪个行业，一定要追求那个行业最好的知识、信息，最好的技术，且必须处于最佳的状态。第二，努力、毅力。第三就是建立好的制度与培养人才。李嘉诚控制的企业从零售业、港口运输一直到石油产业，涉及五十五个国家二十几万的员工，因此对于他来讲，既要追求制度化的管理，又不能形成教条主义和僵化主义，即要灵活的架构。他知道，企业越大，单一的指令与行为越是不可行的，因为这会限制不同的管理阶层发挥他的专业和经验。

比如说，1999 年他决定把 Orange 出售，卖出前两个月，管理层建议他不要卖，甚至去收购另一家公司。他给管理层列了四个条件：如果办得到，便按他们的方法去做。一收购对象必须有足够的流动现金；二完成收购后，负债比率不能增高；三 Orange 发行新股去进行收购之后，和黄仍然要保持 35% 的股权，35% 股权不但保护和黄利益，更重要的是保护 Orange 全体股东的利益；四对收购的公司有绝对控制权。

Orange 的管理层听完后很高兴，而且也同意这四点原则，认为守在这四点范围内，他们就可以去进行收购。结果他们办不到，这个提议当然就无法实行。在这个案例当中，李嘉诚建立了四个坐标给 Orange 管理人员，让他们清楚知道这个坐标，这是公司的原则，然后管理层在这四个原则下发挥才干。但是不能超越这四个坐标，那么既能够发挥管理层的能力，又能够保障决策的科学性，另外出来的结果大家都心服口服。

对于人才，李嘉诚也有自己独到的理解，他觉得成功的管理者都应是伯乐，不断在甄选、延揽比他更聪明的人才，不过有些人却一定要避免。绝对不能挑选名气大却妄自标榜的"企业明星"。企业无法负担那些滥竽充数、唯唯诺诺或者灰心丧志的员工，更无法容忍以自我表演为一切出发点的企业明星。他的经验是：挑选团队，忠诚心是基本，但更重要的是要谨记，光有忠诚但能力低的人或道德水平低下的人迟早累垮团队、拖垮企业，是最不可靠的人。

李嘉诚的经商之道，可以用他在一次演讲当中提到的四句话来总结："好谋而成、分段治事、不疾而速、无为而治"。

"好谋而成"是凡事深思熟虑，谋定而后动。"分段治事"是洞悉事物的条理，按部就班地进行。"不疾而速"，依靠着老早有的很多数据，很多困难你老早已经知道，就是你没做这个事之前，你老早想到假如碰到这个问题的时候。你怎么办？由于已有充足的准备，故能胸有成竹，当机会来临时自能迅速把握，一击即中。如果你没有主意，怎么样"不疾而速"？"无为而治"则要有好的制度、好的管治系统来管理。兼具以上四种因素，成功的蓝图自然展现。

第七节　把每一天当作梦想的练习

马化腾，腾讯公司主要创办人之一，现担任腾讯公司控股董事会主席兼首席执行官；全国青联副主席。1998 年马化腾与他的同学张志东"合资"注册了深圳腾讯计算机系统有限公司。之后又吸纳了三位股东：曾李青、许晨晔、陈一丹。作为一家没有风险资金介入就成立的软件公司，初期的每一笔支出都让马化腾和他的同伴心惊。

在决定做 OICQ 的时候，当时国内已经有了两家公司在做，产品比腾讯更有市场名气。马化腾没有想得更多，除了因为这个产品可以和公司的主项发展业务移动局、寻呼台、无线寻呼方案和项目相互促进外，也因为当时飞华、中华网等许多公司有意向做即时通讯项目，市场显得很有发展前景。随后其也经历过官司缠身、资金困难等多种问题，直至 2004 年，腾讯才正式在香港交易所主板挂牌上市。其在成功的道路中也并非一帆风顺，甚至颇具坎坷。看了马化腾的《把每一天当作梦想的练习》之后，万分敬仰，不自觉地就会发出唏嘘感慨。经过对整本书的阅读，感觉超级好，因为我了解到了一个比较成功的人在自己的生活经历中用什么样的方法来面对一个个问题，然后不断用方法驱动自己变得更好。里面的每一个章节都值得我在工作和生活中好好地练习，鞭策自己在实践中一步一步接近自己的梦想。

一、高瞻远瞩

1993 年，毕业于深圳大学计算机系的马化腾选择了自己的专业本行，到深圳润讯做寻呼软件开发工作。工作之余，这个文静的年轻人最大的爱好就是上网。当时的深圳，真正了解互联网的人还不多，马化腾是最早的一批网虫之一。一个偶然的机会，马化腾看到了基于 windows 系统的 ICQ 演示，他开始思考是否可以在中国推出一种类似 ICQ 的集寻呼、聊天、电子邮件于一身的软件。1998 年 11 月，马化腾利用炒股所得的资金与大学同学张志东注册了自己的公司，这就是腾讯之始。跟其他刚开始创业的互联网公司一样，资金和技术成了腾讯最大的问题。先是缺资金，资金有了软件又跟不上。他们常常为了一个项目倾巢而出，马化腾的名片上也仅仅印了一个"工程师"头衔，当时的主要业务只是为深圳电信、深圳联通和一些寻呼台做项目，QQ 只是公司的副产品。这家由十几个人组成的公司力量单薄得可怜，创业的艰难让马化腾和他的同事们疲于奔命。马化腾回忆，在那时的深圳，这样的公司有上百家，他当时只有一个愿望，就是公司能生存下来。

公司创建 3 个月后，马化腾和他的同事们终于开发出第一个"中国风味"的 ICQ——OICQ，这就是 QQ 的前身。可是这个后来风靡全国并为腾讯公司创造巨大财富的聊天工具并没有给当时的腾讯人带来太多喜悦，因为那时国内也有好几款同类的软件，用户也不多，没有人看好马化腾的 OICQ。

然而这位 1971 年出生的倔强的潮州人不肯服输，他认定这个聊天工具中隐含着巨大的商机。马化腾抱着试试看的心态把 QQ 放到互联网上让用户免费使用，可是就连马化腾本人也没有料到，这个不被人看好的软件在不到一年的时间就发展了 500 万用户。大量的下载和暴增的用户量使马化腾兴奋的同时，也让腾讯难以招架，因为人数增加就要不断扩充服务器，而那时一两千元的服务器托管费让小作坊式的腾讯公司不堪重负。没有资金更新设备，工作人员也快发不出工资，"我们只能到处去蹭人家的服务器用，最开始只是一台普通 PC 机，放到具有宽带条件的机房里面，然后把程序偷偷放到别人的服务器里面运行"。

眼前的困难迫使马化腾把自己的公司转给他人，但由于很多内容和提供商没有谈拢，马化腾下定决心留下这个给自己带来麻烦的"孩子"，并把它培养长大。于是他四处筹钱，国内筹不到就寻找国外的风险投资。几经周折，功夫不负有心人，马化腾遇到了 IDG 和盈科数码，"他们给了 QQ 220 万美元，分别占公司 20%的股份"，利用这笔资金，马化腾给公司买了 20 万兆的 IBM 服务器。"当时放在桌上，心里别提有多美了"，马化腾喜不自禁地回忆。

不过马化腾很清楚，光靠国外的风险投资是不够的，他开始想办法从客户身上挣钱，因为如果每个用户愿意花 1 至 2 元的话，就是近 4 亿元的收入。有一次他发现韩国有种给虚拟形象穿衣服的服务，于是马化腾把它搬到了 QQ 上。他还找来了诺基亚和耐克等国际知名公司，把这些公司最新款产品放到网上，让用户下载。所有注册用户都可以得到他们一如既往的免费服务，以满足其即时通信的需求，而想享受到更具诱惑力的体验性增值服务，就必须付出相应的费用。这一措施使腾讯逐步走上了健康发展、良性循环的轨道。目前这一块业务增长很快，有超过 40%的用户已尝试过购买。

2004 年前三季度，腾讯盈利达 3.28 亿。2004 年 6 月 16 日，腾讯成功在香港上市，又募集了 2 亿美元的资金。当年弱不禁风的小树苗终于长成了参天大树。试想如果当年马化腾把 QQ 卖了，如今的中国市场还是否有人见人爱的"企鹅"呢？正是因为马化腾的深谋远虑，留下了当初幼小的"企鹅"，用心抚养，用心呵护，才有了如今强大的 QQ。

二、优秀团队

作为 CEO，在腾讯内部，马化腾也被叫作"首席体验官"。一个新产品出来，他会首先以一个普通网民的身份第一次去感受，哪里不方便，哪个按键用起来别扭，哪里颜色刺眼，要对很多细节提出建议。用户界面和人机交互的设计，也是他兴趣所在。

当年相邀四位伙伴共同创业，由马化腾出主要的启动资金。有人想加钱、占更大的股份，马化腾说不行，"根据我对你能力的判断，你不适合拿更多的股份。"因为未来的潜力要和应有的股份匹配，不匹配就要出问题。什么问题？拿大股的不干事，干事的股份又少，矛盾就会发生。

当年创立腾讯之初，他就和四个伙伴约定清楚：各展所长、各管一摊：技术、业务、行政和信息部门。因为都是多年同学，彼此特长都知根知底。如此设计，使创始团队能在维持张力的同时保持和谐。没有人能够独断，保证了意见不合、讨论，甚至互相泼冷水的空间。这就是马化腾，创业前就在为今后可能的陷阱筹谋。到今天，五位伙伴都留在腾讯，不离不弃。这也许就是马化腾成功的原因所在。如此设计，使创始团队能在维持张力的同时保持和谐。没有人能够独断，保证了意见不合的空间，但彼此多年同学，不好意思一不和就撕破脸不认人；被逼着去说明别人，就需要提炼，把问题想得更清楚；彼此定位不同，就能从不同的角度来判断，保证认识全面；最后马化腾是第一大股，该做决定的时候还是有一锤定音的能量。正是因为有了优秀的团队，为腾讯的壮大打下了坚实的基础，也为腾讯日后的成功埋下了伏笔。

三、市场和技术

深圳大学计算机专业毕业后，马化腾进入润迅公司做工程师，期间看到电脑板卡市场火爆，且当时火爆的股市吸引着众多的股民。结合两者，马化腾开发出股霸卡，受到市场的追捧。之后其曾有多款自己设计和参与的产品在市场大卖。在润迅公司的马化腾显现出了过人的市场观察力和掌控市场的能力。

对市场需求的洞察力使得马化腾在创业初期就敏锐地发觉了即时通讯的市场潜力，创业后的第三个月就开发出了当时 ICQ 的翻版，并添加更贴近用户需求的功能。一经推出就赢得了用户，注册人数也不断地攀升，最终成就了腾讯的强大和马化腾的成功。

业内并不乏技术强者，也不缺对市场有敏锐观察力的人才，之所以做大做强的成功者寥寥，是因为很多人缺的是将两者合而为一。可以说马化腾的成功是其完美地将自身的技术和庞大的市场结合在了一起。

纵览腾讯 2009 年的财报，你就会发现在腾讯 124.4 亿元人民币的收入中，互联网增值服务收入就达到了 95.307 亿元人民币，且增长幅度也是最大的。小"企鹅"包含的小小几个图标每年就给腾讯带来了近百亿的收入，马化腾利用民众的攀比和炫耀心理成功地将腾讯 QQ 庞大的用户群转化成了营收源。简单、便捷的充值方式；用户渴望展现自己与众不同的心理；马化腾成功地用几个小图标和小特权征服了用户的口袋。

从开始做 QQ，马化腾的对手是美国的 ICQ；在不被看好的情况下进入门户网站领域挑战当时已经很成功的新浪和搜狐，并成长为今天的四大门户之一；2003 年开始进军游戏领域对抗陈天桥和丁磊；在前不久的深圳 IT 领袖论坛峰会上，马化腾和李彦宏同台对话，在搜索引擎领域向百度挑战，应该说马化腾是在与高手的博弈中不断强大起来的。要使自己变强就要向强者挑战的策略在马化腾身上体现得非常完美，这种性格也使得马化腾一次次地上演着后来者居上的传奇。

四、众多用户

腾讯成功的背后，是无数 QQ 用户的支持，正是因为众多用户的支持，才有了腾讯的今天。只要是腾讯推出的游戏，不用多久就能拥有众多的玩家。腾讯利用自身独特的宣传优势，不断地扩大自己的涉足领域，不管是网购的拍拍网、音乐软件 QQ 音乐，还是杀毒软件 QQ 管家……这一切的成功都和用户是分不开的。也正是因为广大 QQ 用户的支持，才有了今天的腾讯，也成就了今天的马化腾。